証券理論の
新体系

佐藤 猛著

税務経理協会

はしがき

　前著『証券市場の基礎理論』（2008 年 3 月）を上梓して 8 年が経過した。その間，証券市場は大きな変化を経験した。サブプライム問題とそれに続く国際金融危機，世界的株価暴落，その後の米国の資金供給の緩和による世界的株価高傾向である。また日本も同様に東日本大震災，そしてアベノミクスは証券市場から好感を持って迎えられるなど目まぐるしい変化である。こうした中，証券市場の研究は常に時勢に追随していくと本質的問題がなかなか捉えられないことになるが，さりとて，時勢を無視すると研究に取り残されてしまう危惧がある。その折り合いが難しい。

　今回，こうした中で効率的市場および均衡理論を中心に証券理論モデルを上梓した前著から，古典的証券理論と現代的証券理論（非均衡理論も含め）を包摂した拡大化した体系的な証券理論をまとめて上梓しようと考えた。しかも，過去の証券実務の経験は証券市場で最も重要なテーマがクラッシュであるとの確信を形成した。なぜなら日ごろの努力（制度運用や投資）もクラッシュにより一瞬にして台無しになってしまうからである。すなわち，証券理論は医療でいえば，体力増強よりも病を治す基本示唆を与えることである。

　そのため，本書は資本主義の崩壊を憂うフィッシャー，ケインズ，シュンペーター，ヴェブレン等の古典的経済（特に証券）理論の助けを借りている。彼らの証券理論・哲学が近代証券市場で起こした諸問題について本質的な方向性を示唆してくれるとの想いからである。特にサブプライム問題が起きてからさらにこの想いは強くなった。

　このような趣旨からすると，本書は病（クラッシュ）を治すためのカルテの整理・作成の役割を担っているかもしれない。本書の内容は今まで投稿した論文をより分かりやすく基本部分を再整理して，体系化したものである。証券市場全体を鳥瞰できるように工夫を凝らしたので細部を飛ばしても，是非，全体

を一読して証券理論の世界観を共有できればと願う次第である。

続いて，本書の体系の紹介に入る。

本書では証券理論とは証券価モデルを中核とするが，証券市場システム（情報やオークション），投資心理，マクロ経済の議論も含んだ総体の理論をいう。このような視点で証券理論を論じる。

まず，第I部は古典的証券理論を対象としている。第1章では近代証券理論の源流としてバシュリエ，フィッシャー，ケインズの理論を取り上げ，近代証券理論が彼らの理論を源流として成立していることを明らかにする。その後の展開は【図表I】のとおりである。第2章では証券価値の増殖について，ミクロ経済ではヴェブレンの暖簾とシュンペーターの新結合（イノベーション）から論じる。また，マクロ経済ではケインズ理論のヒックス流によるIS‑LM曲線から論じる。第3章の組織的な市場ではメンガー，マックス・ウェーバーの古典的証券取引所論からはじまり，現代取引システムまでに及ぶ。第4章では組織的な市場の現代的議論としての証券市場の効率性の複合仮説（情報と投資家の合理性）について論じる。第I部で論じている古典的証券理論は他の部よりも本質的な，時間軸が長いそして骨太の理論である。

続く第II部の効率的市場と第III部の非効率市場の証券理論の体系化については【図表II】をみられたい。

第II部の効率的市場における証券理論においては，第5章のファンダメンタルズでは株主資本利益率（ROE），ミラー・モディリアニー（MM）理論とゴードン・モデルの関係性からの独自の展開による説明である。第6章のポートフォリオ理論ではリスク・リターンの標準問題として簡潔に説明している。第7章のデリバティブに関してはオプション理論を中心にして，コックス，ロス＆ルービンスタイン（CRR）モデルから出発して連続時間型のブラック＆ショールズ（B‑S）オプション・モデルへと展開する。さらに，第8章はロバート・マートンの構造モデルから条件付き請求権分析（CCA）とデフォル・リスク分析を行っている。新しい分野の証券理論である。

第III部の非効率的市場における証券理論においては，取引構造や投資心理も

包摂した証券理論であるので，本書が標榜しているまさに証券理論の新たな体系に関する内容である。第9章の情報の非対称性を前提にしたゲームの理論では最適均衡より，多くはセカンド・ベストまたは逆選択を余儀なくされる。この理論は情報の非対称性における売買取引と価格の問題を扱っており，第10章のマーケット・マイクロストラクチャー（市場の微視的構造）に結びつく。第11章は行動ファイナンスの議論である。ハーシュライファーが主張する効率的市場理論との対峙的な議論ではなく，相互の補完的な関連性が重要である。第12章では魅力的で今後，注目される太い尾とフラクタル（複雑系）である。第13章はこれまでの理論に立脚したクラッシュ分析に関するレギュラシオン学派からのアプローチを試みた。また，[付録]として記号一覧を掲載したので併せて参照願えれば幸いである。

　以上，本書の特徴は，古典的証券理論，構造モデル，ゲームの理論，マーケット・マイクロストラクチャー理論，フラクタルさらにはレギュラシオン学派を加え，証券市場に関係する証券理論を総合的，有機的関連性を重視しながら論じた点であろう。この観点から本書の題名を『証券理論の新体系』とした。

　なお，議論の対象が広範囲であるので，浅学のゆえに誤解や誤記があるかもしれない。これからも一層精進して，それらは修正，深耕していきたいと思う。本書は2016年の証券理論の断層を反映した著書でありたい。

謝　辞

　本書『証券理論の新体系』の出版に際して，税務経理協会の峯村英治氏に多くの労を煩わした。ここに心から感謝の意を表わしたい。

著　者

平成28年4月

【図表Ⅰ】証券理論の体系

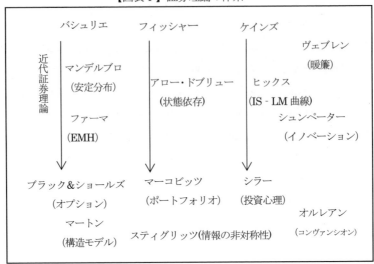

【図表Ⅱ】市場と証券理論の分類

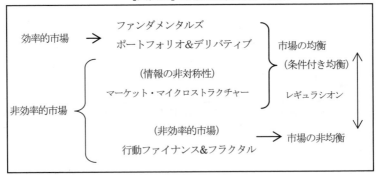

［付　録］　本書の記号一覧

第1章

S_t	t時（期）の株価
B_t	拡散項（ブラウン運動）（第5章参照）
μ	ドリフト項（収益率）
U	効用関数
r	金利（利子率）
C	消費
M	貨幣量（資金量）（第6章参照）
V	貨幣の流通速度　（第3章参照）
T	取引量（第7章参照）

第2章

Y	国民総生産(GDP)
K	資本のストック　（第7章&第8章参照）
g	（Y）の成長率　（第5章参照）
$X(e)$	貿易輸出
$M(e,Y)$	貿易輸入

第4章

V	企業価値（＝V_E+V_B）
F_t	t時（期）の情報
ξ	超過収益率
σ	標準偏差
σ^2	分散（第6章参照）
ψ	状態価格
W	財産（富）
$N(\cdot)$	正規分布
a	絶対的危険回避度（ARA）

第5章

π	期利益（＝B_I＋D）
B	負債（資本）
E	株主資本
γ	リスク・プレムアム（第8章参照）
ρ	資本割引率
ρ_E	株主資本コスト
ρ_B	負債資本コスト
V_E	株主資本価値
V_B	負債資本価値
A	総資本（＝B+E）
ρ	割引率（＝$1/(1+r)$）
g	配当の成長率（＝φb）
φ	ROE
B_I	内部留保額
D	配当額
b	内部留保率
d	1株当たり配当
r_f	無リスク金利
C	支払い利息
X	額面
$_if_j$	フォワード・レート
e	連続複利利子率

はしがき

第6章

$\mathrm{Var}(\cdot)$　分散＝σ^2

ρ_{AB}　AとBの相関係数

σ_{AB}　AとBの共分散（Cov(AB)）

$E(\mu)$　予想（期待）収益率

M　市場ポートフォリオの均衡点

β　市場反応度（第8章）

$\mathbf{X}^{\mathrm{T}}$　行列Xの転置

MMULT　EXCELの行列式

第7章

T　満期または決済日

F_{T}　T時（期）先物取引価格

K　行使価格（第8章参照）

P　オプションのプレミアム

p　確率

V_{C}　コール・オプション価格（価値）

V_{P}　プット・オプション価格（価値）

$B(\cdot)$　2項分布関数

$\phi(\cdot)$　確率密度関数

$\Phi(\cdot)$　（累積）分布関数

Δ　グリークスのデルタ

τ　期間（T－t）

vii

第 8 章

s スプレッド
γ デフォルト確率
R 期間回収率
β 資産価値の相関
ε 攪乱項（誤差項）
K 閾値
$F(\cdot)$ 同時分布関数
$F^{-1}(\cdot)$ 逆分布関数
$C(\cdot)$ コピュラ関数

第 10 章

ϕ トレーダーの比率
s 情報
θ 観察可能情報係数（確率）
λ カイルのラムダ

第 12 章

H ハースト指数
R* 調整レンジ
$B_H(t)$ 非整数ブラウン運動

（注）上記記号と異なる場合はその都度，提示している。

目　　次

はしがき

第Ⅰ部　古典的証券理論

第1章　証券理論の源流 …………………………………………… 3

1　バシュリエの証券理論 ……………………………………………3
 (1)　時代背景 ………………………………………………………3
 (2)　投機の理論 ……………………………………………………4
 (3)　証券理論への貢献 …………………………………………7

2　フィッシャーの証券理論 ………………………………………7
 (1)　フィッシャー・モデル ……………………………………7
 (2)　利子率 …………………………………………………………8
 (3)　フィッシャー効果 …………………………………………9
 (4)　フィッシャー・モデルの拡張 …………………………10
 (5)　証券理論への貢献 ………………………………………10

3　ケインズの証券理論 ……………………………………………11
 (1)　投資理論 ……………………………………………………11
 (2)　流動性選好 …………………………………………………15
 (3)　証券理論への貢献 ………………………………………16

まとめ …………………………………………………………………17

第2章　証券価値の増殖 ……………………………………………21

1　ヴェブレンの価値増殖 …………………………………………21
 (1)　暖簾の源泉と増殖 ………………………………………21

1

（2）　産業と金融の総帥 ……………………………………………22

（3）　金融市場・資本市場での評価 ………………………25

（4）　証券理論への影響 ……………………………………………25

2　シュンペーターの価値増殖 …………………………………26

（1）　イノベーション ………………………………………………26

（2）　現代イノベーション ………………………………………27

3　ケインズ（ヒックス）の価値増殖 ……………………28

（1）　IS-LM 曲線 ……………………………………………………28

（2）　IS-LM 曲線の均衡と移動 …………………………………29

まとめ ………………………………………………………………………31

[付録]　微　分 …………………………………………………………32

第3章　組織的な市場 …………………………………………35

1　組織的な市場とは ……………………………………………35

（1）　メンガーの見解 ……………………………………………35

（2）　マックス・ウェーバーの見解 …………………………36

（3）　ケインズの見解 ……………………………………………36

（4）　現代的な見解 ………………………………………………37

2　金融市場 …………………………………………………………38

（1）　金融市場の類型 ……………………………………………38

（2）　金融市場の資金フロー …………………………………38

3　証券市場システム ……………………………………………39

（1）　発行市場(資金調達) ………………………………………39

（2）　流通市場(売買取引) ………………………………………41

（3）　上場企業の組織論 …………………………………………44

まとめ ………………………………………………………………46

第4章　効率性の複合仮説 ………………………………………49

1　情報の効率的市場 ……………………………………………49
 (1)　効率的市場とは ……………………………………………49
 (2)　効率的市場の類型 …………………………………………51
 (3)　ランダム・ウォークの類型 ………………………………52
 (4)　無裁定理論 …………………………………………………54

2　効用関数 ………………………………………………………55
 (1)　効用関数と富 ………………………………………………55
 (2)　効用関数の種類 ……………………………………………56
 (3)　効用曲線の優劣 ……………………………………………58
 (4)　効用関数のモデル …………………………………………58

3　効率的市場への反論 …………………………………………59
 (1)　ボラティリティ・テスト …………………………………59
 (2)　アノマリー …………………………………………………60
 (3)　プロスペクト理論 …………………………………………60

まとめ ………………………………………………………………61

第Ⅱ部　効率的市場の証券理論

第5章　ファンダメンタルズ ……………………………………67

1　株式のファンダメンタルズ …………………………………67
 (1)　利益基準 ……………………………………………………67
 (2)　配当基準 ……………………………………………………70

3

(3) ファーマ&フレンチ・モデル ………………………………………72

2 債券のファンダメンタルズ ………………………………………………73
(1) 利回り（イールド） ………………………………………………74
(2) デュレーション ……………………………………………………74
(3) 利子の期間構造 ……………………………………………………75
(4) 格付けの推移行列 …………………………………………………75

まとめ …………………………………………………………………………76

[付録] 連続型時間の収益率 ………………………………………………77

第6章 ポートフォリオ ………………………………………………79

1 基本ポートフォリオ ………………………………………………………79
(1) リスクとリターン …………………………………………………80
(2) ポートフォリオ ……………………………………………………80
(3) 最適ポートフォリオ ………………………………………………82

2 資本市場の均衡 ……………………………………………………………83
(1) 資本市場線……………………………………………………………84
(2) 資本資産評価モデル ………………………………………………85
(3) 裁定価格理論 ………………………………………………………85

3 ポートフォリオ運用の応用 ………………………………………………86
(1) ポートフォリオの評価方法 ………………………………………86
(2) ポートフォリオ・マネジメント …………………………………87
(3) イベント・スタディ ………………………………………………87
(4) ポートフォリオとMM理論 ………………………………………89

まとめ …………………………………………………………………………90

[付録] 行列式とソルバー …………………………………………………90

目　次

第7章　デリバティブ ……………………………………………… 93

1　デリバティブ取引 ……………………………………………… 93
　(1)　各デリバティブ取引の定義 ……………………………… 93
　(2)　各デリバティブ取引のペイオフ ………………………… 95

2　オプション・モデル …………………………………………… 97
　(1)　コックス，ロス&ルービンスタイン・オプション・モデル ………… 97
　(2)　ブラック&ショールズ（B-S）オプション・モデル ……………… 98
　(3)　プレミアムの分解 ………………………………………… 100

3　デリバティブの機能 ………………………………………… 101
　(1)　裁定取引 …………………………………………………… 101
　(2)　ヘッジ取引（ポートフォリオ・インシュランス） ………… 103

まとめ ……………………………………………………………… 105

[付録]　B-S オプション・モデルのエクセル計算 ………………… 106

第8章　構造モデル ……………………………………………… 109

1　条件付き請求権分析による証券評価 …………………………… 109
　(1)　株式と社債 ………………………………………………… 109
　(2)　エクイティ社債 …………………………………………… 112
　(3)　CCA の簡単な事例 ……………………………………… 113

2　デフォルト・リスク ………………………………………… 115
　(1)　デフォルトの確率と距離 ………………………………… 115
　(2)　債券の金融商品 …………………………………………… 116
　(3)　1 ファクター・コピュラ正規モデル …………………… 118

まとめ ……………………………………………………………… 121

5

第Ⅲ部　非効率的市場の証券理論

第9章　ゲームの理論 ·· 125

1　完備情報ゲーム ·· 125
　(1)　囚人のディレンマ ··· 125
　(2)　ナッシュ均衡 ·· 126

2　不完備情報（情報の非対称性）ゲーム ································ 127
　(1)　レモン市場(逆選択)の問題 ······································ 127
　(2)　ベイズの定理 ·· 128
　(3)　オークション ·· 129
　(4)　ミニマックス戦略 ·· 132

まとめ ··· 133

第10章　マーケット・マイクロストラクチャー ····················· 135

1　基礎的概念 ·· 135
　(1)　モデルの誕生経緯 ·· 135
　(2)　重要な前提 ·· 136

2　在庫モデル ·· 138

3　情報の非対称性モデル ·· 139
　(1)　グロスマン&スティグリッツ・モデル ··························· 139
　(2)　モデルのインプリケーション ···································· 142

4　流動性モデル ·· 144
　(1)　カイル・モデル ·· 144

(2)　モデルのインプリケーション ······························ 146

5　逐次売買モデル ··· 146
　　(1)　ゴステン&ミルグロム・モデル ··························· 147
　　(2)　モデルのインプリケーション ····························· 148

まとめ ·· 148

第11章　行動ファイナンス ································ 151

1　ノイズ・モデル ·· 152
　　(1)　DSSW モデル ·· 152
　　(2)　モデルのインプリケーション ····························· 153

2　裁定の制約 ·· 154
　　(1)　シュライファー&ヴィシュニー・モデル ················· 154
　　(2)　モデルのインプリケーション ····························· 155

3　過剰反応モデル ·· 156
　　(1)　バベリース，シュライファー&ヴィシュニー・モデル ······· 156
　　(2)　モデルのインプリケーション ····························· 156

4　記述モデル ·· 157
　　(1)　記述モデル（心理的アプローチ）の分類 ················· 157
　　(2)　記述モデルの事例 ··· 158

まとめ ·· 159

第12章　太い尾とフラクタル ···························· 161

1　太い尾 ·· 161
　　(1)　太い尾 ··· 161
　　(2)　アーマ（ARMA）モデルからの展開 ····················· 164

2　フラクタル ……………………………………………………………167
　(1)　フラクタル理論 ………………………………………………167
　(2)　株価のフラクタル性 …………………………………………169

3　カオス …………………………………………………………………170

まとめ ……………………………………………………………………172

第13章　レギュラシオン学派とクラッシュ ……………………175

1　オルレアンの証券理論 ………………………………………………176
　(1)　安定と動態………………………………………………………176
　(2)　コンヴァンシオン理論（ブラック・マンデーの事例） ………178

2　アグリエッタの証券理論 ……………………………………………180
　(1)　金融の暴力と貨幣 ……………………………………………180
　(2)　投資銀行のビジネス・モデル（サブプライム問題の事例） ………181

3　ボワイエの金融資本分析 ……………………………………………183
　(1)　蓄積体制………………………………………………………183
　(2)　歴史的構造危機（2008年金融危機の事例） ………………184
　(3)　バブルとクラッシュの歴史 …………………………………185

まとめ ……………………………………………………………………186

　索　引 …………………………………………………………………191

第Ⅰ部　古典的証券理論

第1章　証券理論の源流

そもそも近代証券理論の源流は20世紀前半におけるルイ・バシュリエ，アーヴィン・フィッシャーとジョン・メナード・ケインズの証券理論に負うところが大きい。本章は彼らの証券理論を古典的証券理論として位置づけて論じる。

1　バシュリエの証券理論

(1)　時代背景

フランス人のルイ・バシュリエ（Bachelier,L:1870~1946）は1900年に主著『投機の理論』を上梓した。投機はまさにフランスのベル・エポック（bell époque）の産物である[1]。19世紀後葉のフランスは未曾有の不況に陥ったが，当時，パリ証券市場では多くの外国国債や証券が取引されていた。バシュリエは大学卒業後，証券関係に働いた経験があるという。こうした状況で数学専攻のバシュリエは証券価格を金融工学的に理論化しようと試みた。以下，タック（Taqqu,M. S.）[2001]から，19世紀金融市場とバシュリエの証券理論との関係性をみてみよう。

1850年頃までパリ証券取引所は国債取引が中心であった。この国債は政府保証と金の価値を表彰していたので，安定的であった。しかし，政治的危機が国債の価格を大きく変動させる要因であった。この国債は大地主の富裕層や国際的ローンにより賄われていた。1900年当時の国家予算が40億フランに対して国債発行は260億フランであった。常に政治的な要因により国債は大きく変動していた。

---

1)　然し，山田勝[1990] 参照。

第Ⅰ部　古典的証券理論

　この国債はブロカー（agent de change）により現先やオプションで取引所や市場外で取引されていた。このように取引は現在知られている多くの金融商品が利用されていたので，伝達手段（電話等）がない時代，この取引は非常に複雑で大変な仕事であった。

　バシュリエはこの取引に従事していたようである。そこで働いて得た資金で再びソロボンヌ大学で数学を専攻する。当時は物理数学と幾何が重要で，特に熱方程式（heat equation）とチャップマン・コルモゴロフ方程式[2] が注目を浴びていた。こうしたことからバシュリエは国債の現先やオプションを数学を用いて理論化を試みた。当時の歴史的背景とバシュリエの生い立ち（キャリア）が，ちょうど融合して金融工学を誕生させたといえる。

(2)　投機の理論

　バシュリエは『投機の理論』において，現代証券市場の基本モデル（効率的市場仮説とオプション価格）を数学的な表現をすることに成功した。しかし，その著書は死後20年経過して，はじめて米国のサムエルソン（Samuelson, P.A.）の発掘によって再評価された。また，マサチューセッツ工科大学(MIT) の経済学者クートナー（Cootner, P.）は「バシュリエは卓越した研究者だった。投機的の価格の研究は着想時点で素晴らしい」と賛辞を送った[3]。さらに複雑系の泰斗のマンデンブロ（Mandelbrot, B.）は金融工学の元祖であるとして，同じフランス人に惜しみない称賛を贈っている。

　クートナーによれば彼の業歴は証券価格を数式で表現したことであるとして，①チャップマン・コルモゴロフの連続的確率過程の利用，②アイシュタイン・ウィーナーのブラウン運動（期待値ゼロ）の利用，③確率の伝播の解法としては熱伝導の偏微分方程式の解の利用，等を挙げている。現代証券理論モデルで

---

　2)　離散時間マルコフ連鎖において $P_{ij}(n)=P(x(n)=j|x(0)=i)$ に対して，推移確率行列を $P^{(n)}$ と書く。このとき $P^{(n)}=P^n$ が成立する（右辺は推移確率行列の n 乗）。より簡潔に表現すると $P^{(n+m)}=P^n \cdot P^m$ となる。

　3)　Courtault et al.[2000]pp.341-353.

4

第 1 章　証券理論の源流

も利用されているツールである。例えば，ファーマ（Fama,E.F.）[1963]の効率的市場仮説理論およびサミュエルソン[1965]やマートン（Merton,R.）[1983]のオプション・モデルである。

　ここではバシュリエの理論を現代的証券理論モデルから解釈することにより，彼の理論が証券理論の源流であることを確認しよう[4]。

　いま株価を確率変数 S_t として以下のように考える。

$$S_t = S_0 + \mu + \sigma B_t \qquad t \geq 0 \qquad\qquad (1.1)$$

上記式では確率変数 S_t は μ_t のドリフト項と σB_t の拡散項で（算術）ブラウン運動 (B_t)[5] からなる。そして $\Delta t \rightarrow 0$ とすれば確率微分方程式（SDE : Stochastic Differential Equations）として表わすことができる。

$$dS_t = \mu \, dt + \sigma \, dB_t \qquad\qquad (1.2)$$

バシュリエはドリフト項を考えずに拡散項のみを想定した。
それゆえ

$$dS_t = \sigma \, dB_t \qquad dS_t = \sigma \sqrt{t \varepsilon_t} \qquad \varepsilon_t \sim N(0,1) \qquad (1.3)$$

と考えた。

　彼は上記式の確率変数 S_t を（算術）ブラウン運動 B_t であるとした。アインシュタインの量子物理におけるブラウン運動の論文が発表された奇跡の年（1905年）よりも早い。

　(1.3)から，株価はブラウン運動（連続型時間）を離散型時間（以下，時間を省略）にすればランダム・ウォーク（random walk）であるとことがわかる。離散型であれば，(1.3)は株価と時間の経過に生起する確率 $p(S,t)$ については

―――――――――――
4)　横倉[2002]を参考にした。
5)　確率変数 B_t について，微小の時間の変化を Δt（>0）に対する B_t の増加分を ΔB_t（$= B_{t+\Delta t} - B_t$）とする。このとき確率変数 B_t が以下の4つの運動をするとき標準ブラウン運動（Brownian Motion）という。①$B_t = 0$ から出発する。②ΔB_t は定常な独立増分を持つ。ΔB_{t+1} と ΔB_t とは互いに独立で同じ確率分布である。③B_t は時間に関して連続である。④増分 ΔB_t は $N(0, \Delta t)$ である。

5

第 I 部　古典的証券理論

$C_r q^r p^{(n-r)}$が示す2項分布の展開式で表現できる。これを利用すればシンプル・オプションのスプレッド（プレミアム）価格も(1.3)であるとする。すなわち，単純なオプションの期待値はゼロであり，その価値は時間の平方根に比例することになる。

　さらに，クートナーはバシュリエが確率過程を通して株価変動についてフーリエ方程式で定式化したことを高く評価する[6]。ここでは難解であるけれど，バシュリエの展開を紹介する（記号は原文と同じ）。

　まず，ブラウン運動に従うことを前提に時点 t_1 で株価 x になる時点で t_1 - t_2 で株価 z になる確率は

$$p_{(z,t_1+t_2)} = \int_{-\infty}^{\infty} p_{x-z,t_1} p_{z,t_2} dx \tag{1.4}$$

である。

　よって株価 z になる確率密度関数 p は

$$p = \frac{H}{\sqrt{t}} \exp\left(-\frac{\pi H^2 x^2}{t}\right) \qquad H = \frac{1}{2\pi k} \tag{1.5}$$

を得る（Hは定数でk は比率係数で熱伝導係数に相当）。

　さらに関数$p(x,t)$の期待値を以下のように導出する。

$$E\left[p(x,t)\right]\int_0^{\infty} px\,dx = \int_0^{\infty} (Hx/\sqrt{t})\cdot\exp(-\pi H^2 x^2/t)dx = k\sqrt{t} \tag{1.6}$$

　(1.6)はシンプル・オプション（将来価格と行使価格の差がゼロのオプション）価格でもあり，これは時間の平方根に比例する。すなわち(1.3) と同じである。

---

6)　時点 t における確率分布から時点 $t+\Delta t$ への移行の確率分布について，フーリエ方程式を利用して，p を区間(x,∞)の価格 x の確率として $c^2(\partial p/\partial t) - (\partial^2 p/\partial x^2) = 0$ と表現した（ただし，cは定数である）。さらにフーリエ方程式を積分すると確率の増加分となる（横倉弘行[2002]172-173 頁）。

第 1 章　証券理論の源流

(3)　証券理論への貢献

① 　株価はブラウン運動をする。これは離散型であればランダム・ウォークをするので，株価収益率は正規分布に従うことになる。すなわち，「効率的市場仮説」をはじめて提唱した。

② 　ランダム・ウォークを前提にオプション価格モデルを導いた。バシュリエはオプション取引が売りと買いが公平な賭けになるような価格がオプションの適正価格（時間の平方根）であるとする。結局，お互いが確率的に損得ゼロになる価格である。サミュエルソン[1965]はバシュリエ理論に対数を用いてオプションの非負化を図った。さらにブラック＆ショールズ（B-S：Black, F. ＆Scholes, M.）[1973]によりオプション・モデルが完成する。これはリーランド＆ルービンスタイン（Leland, H.E＆Rbinstein, M.）[1976]のヘッジ戦略のためのポートフォリオ・インシュランスの発案につながった。

2　フィッシャーの証券理論

　アーヴィン・フィッシャー(Fisher, I.：1867〜1947)は新資本古典派の金融理論（証券理論）の基礎の確立に大きな貢献をした。

(1)　フィッシャー・モデル

　なぜ資本市場が存在するかという基本的問題について完全資本市場[7]を仮定してフィッシャー・モデルに基づき明らかにする[8]。

　ここでは簡潔な説明を行う。そこで【図表 1-1】に示したように $c = [c(0), c(1)]$ は 0 期と 1 期の消費のパターンを示す直線の予算線がある。そ

---

7)　完全資本市場とは，①価格設定者（price take）が多数存在する，②摩擦のない市場（frictionless　market）取引コストと税金がない市場，③資産の分割可能性，④情報の均一性，⑤投資家の同質期待，の要件を充足している場合をいう。

8)　Fisher[1930]＆MacMinn[2005].

7

第 I 部　古典的証券理論

して - (1+r)は 0 期と 1 期の等価値を示す傾きで，r は金利を示している。いま
効用関数 $U = u[c] = u[c(0), c(1)]$ とすれば，以下のとおりである。

$$U_1 = u[c] < U_3 = u\left[c^*\right] \tag{1.7}$$

このことは取引線の傾きである限界変形率（MRT）と無差別曲線の接線の傾
きを示す限界代替率（MRS）が等しいときに最適消費が達成できる。

$$\text{MRT= MRS} \tag{1.8}$$

さらに，貯蓄を投資へ回すことができる「資本市場」の存在を考えよう。【図
表 1-1】では次期に回した消費＝投資に回された投資フロンティアを加えた。そ
こでは従来の c*は投資フロンティアの外にあり，総べて投資に回せない。c**に
おいて投資フロンティアと予算線が接している。この点が最適均衡点となる。
この点では投資の限界効率性（MEI : Marginal Efficiency of Investment）も等
しい。

このように資本市場が存在すると，家計の投資は家計の所得そして貯蓄とは
独立して，一義的に均衡点が決定されることになる。これを「フィッシャーの
分離定理」という。

(2)　利子率

前節で見たようにフィッシャーの利子率は主観的な時間の「選好」と客観的な
投資「機会」＝（資本流列）の選択であるといわれている。利子率はケインズの「資
本の限界効率」（MEC : Marginal Efficiency of Capital）とよく似ているが，長
期的分析ではない。不確実性を考慮しない短期では「市場利子率は需給を一致さ
せる」とするから市場全体では【図表 1-2】のようにもなる[9]。

---

9)　古典派がいう利子率は投資しうる資源に対する需要と現在の消費を抑制しようと
　　する欲求との均衡点であるとする考え方とも異なる（中路[2002]114 - 134 頁）。

8

【図表1-1】 フィッシャーの分離定理（最適消費）

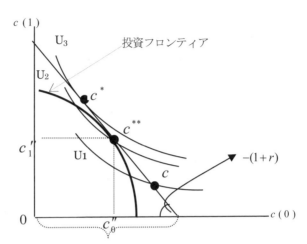

【図表1-2】 フィッシャーの市場利子率

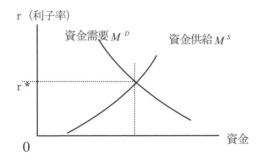

(3) フィッシャー効果

ギブソン（Gibson, W.E.）は長期的利子率よりも金利が上昇すると物価が上昇する事実を発見した。フィッシャーはこのギブソン・パラドックスに関心を持ったようである。いまインフレ率（＝物価の上昇）を考慮しない名目利子率とそれを考慮する実質利子率の関係を以下のように表わした。これをフィッシャー効果という。

第 I 部　古典的証券理論

$$\hat{r} = r - \pi \tag{1.9}$$

（実質利子率＝名目利子率－インフレ率）

しかし，実際は「貨幣の錯覚（money illusion）」にとらわれ，貨幣の購買力ではなく名目利子率により行動する。これは(1.10)で示した貨幣中立説（貨幣数量説）のもとづく理論であるといえる。また(1.10)はフィッシャー[1916]の交換方程式とも呼ばれる。

$$MV = PT \tag{1.10}$$

M：貨幣　　V：貨幣の流通速度　P：価格　　T：取引量

(4)　フィッシャー・モデルの拡張

フィッシャー・モデルをさらに発展させた証券の一般化が状態選好モデルであるとハーシュライファー（Hirshleifer,J.）[1965]は主張する。証券 a と証券 b がある場合，C_a と C_b の2つの状態が存在するときの最適状態は各1/2である。すなわち，将来の状態の選好はゼロから45度を結んだ線である。ハーシュライファーはこれを確実線（certain line）と呼んだ。

(5)　証券理論への貢献

ここでは前章の資本の概念を含め，フィッシャーの証券理論への貢献について整理しておこう。

①　新古典派のミクロの前提を確立する（効用曲線の利用，収穫逓減）。

②　2期間の短期で企業の収益（投資収益率）＝金利という均衡理論は現代証券投資理論のリスク中立型の原型である。

③　均衡理論はワルラス的均衡を含意としており，純粋証券（アロー・ドブリュー証券）を前提にアロー・ドブリュー均衡へと繋がる。投資行動に対して効用の極大化を基礎にしている。

④　N証券の状態選好モデルやポートフォリオ理論へと拡張が可能である。

⑤　貨幣数量説を提唱し，証券市場への貨幣量流入の分析に貢献した。

⑥「貨幣の錯覚」によりインフレショーンまたはデフレ，続いてデフレ・スパ

イラルが生じることになる。

　フィッシャーは1929年のクラッシュにより，これまでの学問的名声（特に均衡理論）や個人的資産を一挙に失った。その後，彼は1932年に『好況と不況』を上梓して，経済の不均衡理論の負債デフレーションの理論を展開した。晩年のフィッシャーの経済の不安定性に対する対処策は2008年金融危機のリフレ主義の根拠となった。

3　ケインズの証券理論

　1936年に上梓した経済学で最も重要な『一般理論（the General Theory）』ジョン・メナード・ケインズ（Keynes, J.M.：1883～1946）は若い時から為替取引や株式売買を熱心に行った。こうしたことがケインズに教授への道を阻んだといわれている。1929年の大恐慌の時には損失を出したが，その後，母校キングス・カレッジの事務長に就くと，カレッジの基金3万ポンドを運用し，38万ポンドに増やした。その方法は中小型の割安株に集中投資するバリュー株戦略で成功したファンド・マネージャーの側面を持つ。

　ここではケインズの証券投資理論について1936年の『一般理論』の12章を中心に展開する。その他，1930年の『貨幣論（A Treatise on Money ⅠⅡ）』，1937年『雇用の一般理論（QJE：The General Theory of employment）』および1921年の『確率論（Treatise on Probability）』も重要である。

(1)　投資理論

貨幣論

以下，①から③は貨幣論（Ⅰ），④は貨幣論（Ⅱ）による[10]。

①　　株価と預金選好

　　　長期的には証券価値は財の消費価値に依存する。短期的には貯蓄や証券

---

10)　貨幣論の要約に当たっては滝川[2008]を参考にした。

第 I 部　古典的証券理論

の選好の基礎となる意見や感情に依存する。

②　貨幣や信用の役割

　　証券価格に対応して貨幣の供給を考えるべきである。

③　貨幣論における投機的株式市場

　　株市場の相場（強気と弱気）と貯蓄預金の関係性は重要である。

④　貨幣の応用理論における投資心理

　　一般理論の長期期待の投資心理が確立される過程の議論である。

一般理論

①　一般理論からの投資理論は「確率論」の理論が根底にあることは広く知られている。ケインズは確率をある命題とある命題の推測の関係性であり，これは「実性の度合（degree of certain）」であって「真実の度合」ではない。この度合は蓋然性（probability）と言い換えることができる。

②　期待収益の予測する知識の根拠が曖昧である。そこで，現実的には，意識せず誰しもが慣習（convention）に依拠してしまう。

③　慣習に従うことは連続性と安定性を人々が切望するからであるが，慣習というものはそれ自体，合理的には説明できない不確定な心理によって左右されるとした。例えば，人々の積極的な活動の相当部分は，道徳的だろうと快楽的だろうと経済的だろうと，数学的な期待よりは自然に湧いてくる楽観論，結果の全貌がわからないようなことを積極的にやろうという人々の決断はほとんどがアニマル・スピリット（血気）の結果であろう。

④　組織化された株式市場における専門的な投機家たちは，自身の個人的判断には頼らずアニマル・スピリットも考慮に入れた平均的な慣習に従って，投資をする。これが「美人投票（beauty contest）」理論である。

アンドレ・オルレアンの説明

以下，フランスのレギュラシオン学派のアンドレ・オルレアン（Orléan, A.）

第 1 章　証券理論の源流

[1999]に依拠しながら，ケインズの証券理論(特に価格付け理論)について詳しく説明をする。

① 株式評価

株式評価を 2 元性－投機と企業株価のファンダメンタル価格は $VF = \sum_{n=1}\left[d(n)/(1+r)^n \right]$ である。各配当予想を金利で割り引いた総計である。配当割引モデル（DDM）である。マルクスはこの時価評価を「死んだ資本」と呼んだようであるが，これは企業の「資本のパワー」である。企業の評価は生産組織，経営，競争環境，需要動向，技術進歩の予想，マクロ経済指標等のファンダメンタル（経済の基礎的諸条件）のパラメータに依存する。そこでファンダメンタル主義とは株式市場において企業評価がファンダメンタル価格に安定化するとの考えを意味する。こうした評価は長期的に企業を支配するための評価に向いている。もう一つの株価の評価としてモーメンタムがある[11]。これは $S_t = \left[S_{t+1}/(1+r)\right] + d_t/(1+r)$ と表現できる。このモーメンタムの株式評価を投機価格と呼ぶ。そこでオルレアンは株式の 2 つの評価についてファンダメンタル価格（＝時価評価）と投機価格の「株式評価の 2 元性」と呼んだ。

この 2 元性についてケインズの見解は以下のとおりである[12]。

投機という言葉を市場の心理を予測する活動に当て，企業という言葉を資産の全存続期間にわたる予想収益を予測する活動に当てる。要するに，企業は生産資本の価値増殖の論理に適合した市場行動であるのに対して，投機は需給の市場の論理であるといえる。

② 流動性と投機

流動性と株式の投機の密接な関係について，ケインズも明確に視野に収めていた。当時，ケインズは投機行動を抑えるために，高い税金の賦課を含め

---

11) Orléan はモーメンタム（株価変化率）という用語は用いていない。
12) Keynes[1936]（同訳書 156 頁）。

13

第 I 部　古典的証券理論

て取引費用を引き上げるように主張した。ニューヨーク株式市場とロンドン
式市場を比較すると，後者は投機がそれほど活発ではなかった。これは国民
性の相違ではなく，むしろロンドンにおける取引にかかる費用が大きく，重
い負担となっていたからである[13]。

③　流動性のパラドックス

　　流動性のパラドックとはオルレアンの造語であろう。流動性の目的は，
資本の固定化によるリスクを軽減する。流動性は金融業者たちによって創り
出される。生産資本を代表＝代理とする証券が売買されても，この生産資本
は固定化されたままである。こうした考えが流動性のパラドックであり，こ
の矛盾をケインズの引用をもって説明する。

「・・・株式取引所は多くの投資物件を毎日のように再評価し，その再評価
　は個人に対して（社会全体ではないが）彼の契約を変更する機会を頻繁に
　与えている。それはあたかも農夫が朝食後，晴雨計に打診して，午前 10
　時から 11 時までの間に農業から彼の資本を引き揚げようと決意すること
　ができ，またその週の終わりに再び農業に戻るかを考え直すことができる
　ようなものである[14]。」

　　すなわち，証券の価値は基本的には変わらない[15]

④　自己参照合理性と美人投票

　　自己参照合理性（autoreférentielle）を最初に分析したのはケインズであ
る。「美人投票」に関して，彼は次のような説明を加えている。「この場合，
各投票者は彼自身が最も美しいと思う写真を選ぶのではなく，他の投票者の
投票を最も多く集めると思う写真を選択しなければならず，しかも投票者の
全員が問題を同じ観点で眺めているのである[16]。・・・」

---

13)　Keynes[1936](同訳書 157-158 頁)。
14)　Keynes[1936](同訳書 149 頁)。
15)　この考えはケインズが初めてではない。かって，ヒルファディングは投機価格を擬
　　　制資本と定義した。
16)　Keynes[1936](同訳書 154 頁)。

このことは株式市場において，情報の真の内容を分析しようとする努力は優先されず，むしろ，情報を入手した他の市場参加者がどのように行動するか推測することが重要となる。

⑤　コンヴァンシオンの概念−共通信念とケインズの慣習

オルレアンは当初，自己参照合理性と市場での共通信念はケインズの慣習（コンヴァンシオン）とほぼ同じであるとした。その具体的例として，利子率の慣行＝共通信念を取り上げてケインズ理論の斬新性を称賛する。なぜならケインズの分析は革命的であった。従来の理論において，金融変数はファンメンタル変数の反映でしかないと見做されていた。このような理論だと，信念が役割を演じることはない。価格を決定する財の希少性であるので，自然物と同じ力をもってすべての社会的主体にこれを課す。この自然主義的な認識論と無縁にケインズは新たに「信念が創造的役割を果たす」という全く新しい主張を展開した。

そこでオルレアンはケインズの債券市場について引用する。

「利子率は高度に心理的な現象であるよりもむしろ高度に慣行的現象であると言ったほうが，おそらくはるかに正確かもしれない。なぜなら，その現実の値は，その現実の値がどうなると期待されるかについての一般的な見解に著しく左右されるからである。どのような水準の利子率であっても，長続きしそうだと十分な確信を持って認められるものは長続きするであろう[17]。」

(2)　流動性選好

ケインズによれば資本の限界効率の一部分は経常投資の規模に依存するので，その前に利子率を知らなければならない。資本の限界効率と利子率は循環論に陥るから，新投資の産出高は資本の限界効率が利子率に等しくなる点まで推し進められるのみであるとする。これではフィッシャーの投資理論と同じになってしまう。

---

17)　Keynes[1936]（同訳書 201 頁）。

第 I 部　古典的証券理論

　そこで利子率の決定要因を貨幣量と以下のように定式化した流動性を手放すことに対する動機である流動性選好（liquidity preference）から決定するとした[18]。すなわち，利子率は流動性を手放す報酬である。

$$M = M_1 + M_2 = L_1(Y) + L_2(r) = L(Y, r) \qquad (1.11)$$

M_1：取引及び予備的動機により保有される現金量（所得の関数）

M_2：投機的動機により保有される現金量（金利の関数で r に対して右下がりの曲線）

　いま所得を所与として資金流動性は $M^D = L(Y,r)$, 貨幣供給量 M^S は中央銀行により外生的に決定されるので【図表 1-3】のようになる。

　なお，同図表の中で M^S を増加しても利子率が上昇しないケースは「流動性の罠（liquidity trap)」といわれている。

(3)　証券理論への貢献

① 　金融（流動性）と株価との関係を重視する。

② 　不確実性の下での人々の行動に関する洞察に基づいて，ケインズは古典経済学を根本的に批判する独創的な証券理論を展開しようとした。特に重要な投資概念は「美人コンテスト（beauty contest)」と「アニマル・スピリッツ（血気)」である。これは行動ファイナンスの確立の根拠となった。

③ 　株式市場は企業の長期収益期待と短期的な投機性「株式評価の 2 元性」であるが，通常は投機性で市場は動く。よって市場は常に不安定（投機的）である[19]。さらに市場の流動性は投機に拍車をかける。

④ 　証券と現金との関係はポートフォリオ理論に依拠して流動性選好から利子率を決定する。利子率は流動性を手放す報酬（リターン）である。

---

18)　千種[1998]153-177 頁。

19)　この考え方は新古典派経済学者のフリードマンと決定的に異なる。投機は自然淘汰されるとフリードマンは考えた（Friedman[1953]同訳書 158-204 頁）。

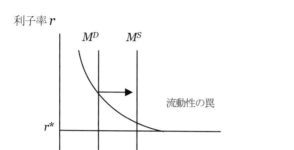

【図表1-3】 流動性選好

まとめ

　以上のように，証券市場理論の源流はバシュリエの株価のブラウン運動（効率的市場）とフィッシャーの投資の効用曲線を基礎にした市場均衡理論からなっている。今日の証券理論の源流を形成している。

　その中で，投資の効用曲線と均衡理論を否定して投資心理を導入した理論がケインズである。しかし，実際のファンド・マネージャーの経験からの演繹であろうか。ケインズの証券理論はフィッシャーほど体系的ではないように思える。むしろケインズの本来の目的意識は有効需要による景気刺激策であるので，証券理論ではマクロ経済政策が株価を上昇させる（第2章 証券価値の増殖）点が重要である。さらにクラッシュ（株価暴落）の不均衡の状況におけるケインズの証券理論の有効性については第13章で論じる。

参考文献

Bachelier,L.[1900] *Théorie de la spéculation,* in **Davis,M.,Etheridge,A.[2006]**

Bachelier.L.[1914] *Le Jeu, la Chance et le Hasard* ,Ernest Flammarion, 1914. Réédité par Jacques Gabay Paris, 1993.

Backhouse,R.E.,Bateman,B.W.[2011] *Capital Revolutionary :John Maynard Keynes* the Presi -dent&Bradley of Harvard College ,Cambridge, MA. (栗原寬幸訳,西沢保監訳[2014]『資本主義の革命家 ケインズ』作品社)

Cootner,P, ed.[1964] *The random character of stock market prices,* MIT Press, Cambridge, MA .

Courtault ,J.M. et al. [2000] " Louis Bachelier on the century of Théorie de la speculation,"*Mathematical Finance* 10(3) ,341-353.

Davis,M.,Etheridge,A.[2006]*Louis Bachelier's Theory of Speculation,*Princeton University Press, Princeton and Oxford.N.J.

Fama,E.F. [1963] " Mandelbrot and Stable Paretian Hypothesis, "*Journal of Business* 36(4),420 -429.

Fama,E.F. [1965] " The Behavior of Stock-Market Prices, "*Journal of Business* 38(1),34-105.

Fisher,I.[1916]*The Purchasing Power of Money: Its Determination and Relation to Credit Interest and Crises,* Macmillan, N.Y. (金原賢之助,高城仙次郎訳[1936]『貨幣の購買力』改造社)

Fisher,I.[1930]*The Theory of Interst.*MacMillan.N.Y. (気賀勘重,気賀健三訳[1932]『利子論』日本経済評論社)

Fisher,I.[1932]*Booms and Depressions. Some first principles.* Adelphi, N. Y. fraser.stlouisfed.org/docs/.../books/booms_fisher.pdf

Friedman,M.[1953]The Case for Flexible Exchange Rates,in *Essay in Positive Economics* , Univer -sity of Chicago Press, Chicago (佐藤隆三,長谷川啓之訳[1978]『実証的経済学の方法と展開』富士書房)

Gordon,M.[1959] " Dividends, Earnings and Stock Prices," *Review of Economics and Statistics* 41 (2), 99–105.

Hirshleifer,J.[1965] "The investment decision under uncertainty :Choice-Theoretic Approaches, " *Quarterly Journal of Economics* 49,501-536.

Keynes,J.M.[1921] *Treatise on Probability,* (The Collected Writings of John Maynard Keynes Vol. Ⅷ) Macmillan,London. (佐藤隆三訳[2010]『確率論』ケインズ全集第8巻, 東洋経済新報社)

Keynes,J.M.[1930] *A Treatise on Money* 1, *The Pure Theory of Money,* (The Collected Writings of John Maynard Keynes Vol.V) The Macmillan Press 1971 (小泉明,長澤惟恭訳『貨幣論Ⅰ：貨幣の純粋理論』ケインズ全集第5巻, 東洋経済新報社)

Keynes,J.M.[1930] *A Treatise on Money* 2, The Applied Theory of Money,1930（The Collected Writings of John Maynard Keynes Vol.Ⅵ）The Macmillan,London ,1971（長澤惟恭訳『貨幣論Ⅱ：貨幣の応用理論』ケインズ全集第6巻，東洋経済新報社）

Keynes,J.M.[1936] *The General Theory of Employment, Interest, and Money*（The Collected Writ-ings of John Maynard Keynes Vol.Ⅶ）The Macmillan Press 1971（塩野谷祐一訳[1983]『雇用・利子および貨幣の一般理論』ケインズ全集第7巻，東洋経済新報社）

Keynes,J.M.[1937] "The General Theory of Employment," *The Quarterly Journal of Economics* 51(2), 209-223.

Leland,H.E.,Rubinstein,M.[1976] " The Evolution of Portfolio Insurance , "in **Luskin (ed.) [1988]** 3-10.

Loef,H.E,Monissen,H.G. [1999] *The Economist of Irving Fisher*, Edward Elgar,MA.

Luskin,D.L.(ed.)[1988] *Portfolio Insurance*, John Wiley& Son, N.J.

MacMinn,R.D.[2005] *The Fisher Model and Financial Market*.World Scientific. Singapore.

Mandelbrot,B.[1966] " Forecast of Future Prices, Unbiased Markets and Martingale Models, " *Journal of Business* 39(1), 242-255.

Merton, R. C.[1983] "Financial Economics." In *Paul Samuelson and Modern Econo-mic Theory,* edited by E. C. Brown and R. M. Solow. McGraw-Hill,N.Y.

Nasar,S.[2011] *Grand Pursuit: The Story of Economic Genius*,Simon&Schuster,N.Y.（徳川家広訳[2013]『大いなる探究』新潮社）

Orléan,A.[1999] *Le Pouvoir de la Finance*, Odile Jacob,Paris.（坂口明義,清水和己訳[2001]『金融の権力』藤原書店）

Poitras,G.(ed.)[2006] *Pioneers of Fianacial Economics* vol-2.MGP Books.U.K.

Raine,J.P.,Leathers,C.G.[2000] *Economists and Stock Market*,Edward Elgar,MA.

Riva,R.[2012] *Histoire de la Boures,*la Découverte.Paris.

Samuelson,P.A.[1965] " Rational Theory of Warrant Pricing , " *Industrial　Management Review,* (Spring), 13-39.

Samuelson, P.A.[1973] " Mathematics of Speculative Price," *Society for Industrial and Applied Mathematics* 15(1),1-42.

Soloki,E.C.,Brown,R.M. [1983] *Paul Samuelson and Modern Economic Theory,* McGraw Hill Higher Education, N.Y.

Taqqu, M.S.[2001] " Bachelier and his Times：A Conversation with Bernard Bru," *Finance and Stochastics* 1(5), 3-32.

Shafer,G.,Vock.,V.[2001] *Probability and Finance: It's Only a Game!*, John Wiley& Son, N.J.（竹内啓,構文雅之訳[2006]『ゲームとしての確率とファイナンス』岩波書店）

第Ⅰ部　古典的証券理論

Walsh,J.[2008]*Keynes and the Market*.John Wiley and Son,N.J.

Wasik,J.F.[2014] *Keynes's Way to Wealth: The Great Economist's Place in Financial History,* Mc
-Graw-Hill Education, N.Y.（町田敦夫訳[2015]）『ケインズ投資の教訓』東洋経済新報社）

Weatherall, J.O.[2013]*The Physics of Wall Street*,Houghton Mifflin Harsout,Boston（高羽璃子訳
[2013]『ウォール街の物理学者』早川書房 ）

伊藤邦武[1997]『人間的な合理性の哲学』勁草書房

岩井克人[2015]『経済学の宇宙』日本経済新聞社

佐藤猛[2008]「アーヴィング・フィッシャーの資本概念－現代ファイナンス理論の源流を求めて－」『商
学研究』第24号31 -47.日本大学商学部商学研究所

佐藤猛[2008]「フィッシャーの資本概念から利子論へ－現代ファイナンス理論の源流を求めて」『資本
とはなにか-現代商学と資本概念』商学研究所・会計学研究所（日本大学）編77-92 日本評論社

佐藤猛[2013]「アンドレ・オルレアンによるブラック・マンデーの分析についての覚書」（研究ノート）
『商学集志』第82巻第4号47-58 日本大学商学部

千種義人[1998]『ケインズ「一般理論」とその理念』慶應義塾大学出版会

滝川好夫[2008]『ケインズ経済学を読む－貨幣改革論・貨幣論・雇用・利子および貨幣の一般理論』ミ
ネルヴァ書房

中路敬[2002]『アーヴェング・フィッシャーの経済学』日本経済評論

山田勝[1990]『回想のベルエポック』NHKブック

横倉弘行[2002]「バシュリエ《投資の理論》の一考察」『商学論纂』第44巻第2号155-189.中央大学

20

第2章　証券価値の増殖

　市場における企業の証券価値（特に株式価値）をどのように増加させるか，この課題を本章では「証券価値の増殖」と呼ぶ。

　この証券価値の増殖についての根源的な解題として古典的証券理論に求める。本章ではミクロ（企業）経済ではヴェブレンの経営戦略とシュンペーターのイノベーションから，マクロ経済ではケインズ理論に関するヒックス（Hicks, J.R.）流の IS-LM 曲線を対象とする。骨太の証券理論の展開である。

1　ヴェブレンの価値増殖

　ヴェブレン（Veblen,T.）の 1919 年に出版された『企業の理論』は近代資本主義の本質と運動法則に関する彼独自の分析を提示した。現代の株式会社制度の下では，資本は一定の物的生産手段の形態を取るのではなく，むしろ株式会社の将来の予想収益力を資本化したものであり，これを「暖簾」（goodwill）であるとした。まさに「暖簾」が証券価値の増殖の中核である。

(1)　暖簾の源泉と増殖

　ヴェブレンの暖簾は無形固定資産であり，将来の予想収益力は或る技術（マシン・プレセス）の排他的使用さらに，製品差別化に伴う格差利益である。この格差利益の資本化（割引化）が暖簾の評価となり，資本の中核を形成するとする。この暖簾は「広告」により格差利益を増殖させる。これに呼応して需要が喚起され顕示的消費を出現させ，差別的独占が作り出される。

21

第 I 部　古典的証券理論

(2)　産業と金融の総帥

　ヴェブレンによると経営者は産業の総帥から次第に金融の総帥へと移行する。これを証券価値の増殖と関連性させれば、①産業の総帥はブランド・エクイティ戦略であり、②金融の総帥は金融による財務戦略、に当たる。

産業の総帥

　産業の総帥としての暖簾の創造は近代経営戦略では「ブランド・エクイティ」と呼ばれている[1]。ブランドを企業資産として捉える考え方である。アーカー（Aaker,D.A.）[1991]はブランド・エクイティ戦略として①競争優位性の確保、②高い利益率の実現、③新規分野への進出の効率化、を挙げている。同時に、ブランド・エクイティの増殖は製品差別化が重要である。ポーター（Porter,M.）[1980,1985]の『競争優位の戦略』において差別化戦略として、①コストのリーダーシップ、②差別化、③集中、を挙げている[2]。

金融の総帥

　金融の総帥として、以下の金融による財務戦略が考えられる。

①　企業成長と外部金融の関係

　　企業は成長率が高くなるほど内部金融比率は減少する。このためにドーマ（Domar,E.）モデルが示すように企業の成長率が高いほど、内部金融比率は低下するというインプリケーションを明らかにすることができる[3]。

　　いま、内部金融比率（i）＝（内部留保率＋減価償却費）／投資（更新投資＋新規投資）であるから、$K=cY$、$Y_t=(1+g)Y_{t-1}$ を利用して、以下のように

---

1)　ブランド・エクイティは（製品）ブランドの資産価値であり、ブランド・ロイヤリティ、認知度、ブランド・イメージなどのほか、商標権、特許権も含めたブランド全体の資産をいう（Aaker et al.[2000]）。この他に日本では企業全体のイメージの上昇としてのコーポレート・ブランドの関心が高い。

2)　Porter の経営戦略は 1980 年代の米国経済の国際競争力の低下、貿易赤字の拡大・国内雇用の減少（失業者の増大）、等のマクロ経済の低迷から企業努力で脱出しようとする提案である。その意義は大きい。

3)　伊藤[1995]（148-149 頁）を参考にした。

第 2 章　証券価値の増殖

展開する。

$$i = \frac{(\alpha Y_t + \beta K_{t-1})}{(\beta K_{t-1} + K_t - K_{t-1})} \qquad i = \frac{\left[\alpha(1+g)Y_{t-1} + \beta c Y_{t-1}\right]}{(\beta c Y_{t-1} + g c Y_{t-1})} = \frac{\alpha + \alpha g + \beta c}{\beta c + g c} \qquad (2.1)$$

i：内部金融比率　Y：付加価値（その集計 GNP）　　g：Yの成長率　　K：

資本ストック　　α：内部留保率　β：減価償却率　c：平均資本係数（K/Y）

いま成長率の変化が内部金融比率にどのように変化するかをみる[4]。

$$\frac{\partial i}{\partial g} = \frac{c\left[\alpha(\beta - 1) - \beta c\right]}{(\beta c + g c)^2} \qquad (2.2)$$

以上から，$(\beta\text{-}1) \leq 0$ であるから成長率が高くなるほど内部金融比率は
減少することがわかる。よって(2.2)は負となる。このため企業を成長させる
には外部からの資金調達が重要であるので，経営者が金融の総帥となる。

② 　買収&合併（M&A）

マリス（Marris,M.）[1964]によれば成長性と企業価値は最適成長率をす
ぎるとトレード・オフの関係を持つ（これは投資が一定以上になると逓増す
るペーロンズ効果とも一致する）。【図表 2-1】に示すように，企業価値フロ
ンティア曲線上の最適成長率 の点は a*である。b*の場合は非効率な経営で
あり，c*の場合は経営戦略を転換する必要があるかもしれない。M&A の対
象となる可能性を回避するには $V > V^* \text{-} C$（V^*：企業価値最大化経営による
効率的な市場での市場価値，V：実際の経営の市場価値，C：M&A コスト）
である。また，買収&合併（M&A）の類型は【図表 2-2】で示している。

③ 　ペイアウト政策

③については【図表 2-3】で示したように配当政策，自社株取得，株式分
割の 3 つが挙げられる。証券市場全体からみたとき自己株取得と株式分割の
バランスが重要である。またベンチャー企業は配当より，株式分割を行う傾
向がある。理論的にはこれらの政策により企業価値は変化しない。

───────────────

4)　(2.2)は$(u/v)' = (u'v - uv')/v^2$ を利用する。その他は[付録]を参照。

第Ⅰ部　古典的証券理論

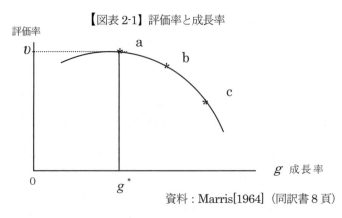

資料：Marris[1964]（同訳書8頁）

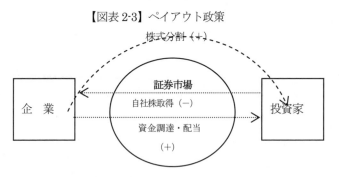

24

(3) 金融市場・資本市場での評価

　個別的な営利は金融市場や資本市場において資金調達するために，市場において経営者は流動性が求められる。一方，市場において，企業の将来の収益力を評価されるので投機的になってしまう。このように投機的動機に基づく資産価格は市場を不安定にする。

　「株式会社資本を代表するいろいろな銘柄が市場で上場され，市場変動の影響を受ける。・・・・資本価額の市場変動は，投資家の側における信頼の変化，支配的地位に立つ企業者がとろうとする政策や戦術に関する現行の信念，季節変動，政治家の同職組合の戦術に関する予測，公衆の気分や見方，不確実で概して本能的な変わりやすい動き，などにもとづいて行われる。それゆえに，現代の条件のもとでは，企業資本の大きさと，その日々の変動は，大きな程度で，物質的事実というよりも，むしろ大衆心理の問題である[5]。」さらに，投機的動機は資産価格を不安定にして，金融的パニックになる危険性を勃発する。その時，株価は暴落し，次第にスパイラルに国民経済は衰退する。

　このヴェブレンの考え方は証券投資における市場取引は将来の不確実性に伴う投資心理が重視されるとするケインズとよく似ている。

(4) 証券理論への影響

　ここではヴェブレンの証券理論視点からの影響について箇条書きにして整理する。非常に限定されたヴェブレンの評価であることに留意されたい[6]。

① フィッシャーの企業価値を測定する資本限界効率はヴェブレンの暖簾の評価に源流を求めることができる。これは同様にケインズの資本限界効率にも影響を与えていると考えられる。

② ヴェブレンの暖簾を中心とした証券価値の増殖の考え方はすでに現在の経営戦略の体系を示唆している。

③ ヴェブレンの証券市場における将来の不確実性，投資心理はまさにケイン

---

5) Veblen[1899]（同訳書 118-119 頁）。
6) Veblen 論については間宮[1993]および宇沢[2000]を参照。

第 I 部　古典的証券理論

ズの考え方とよく似ている。

④　ヴェブレン[1899]の顕示的消費の考え方は，現代消費論の先駆的な考え方を提示している。そして，現代構造主義のボードリヤール（Baudrillard,J.）[1970]などにも影響を与えている。古典的証券理論家の中で，消費理論まで展開した理論家はヴェブレン以外にはいない[7]。

2　シュンペーターの価値増殖

時代は前後するがシュンペーター1912年に出版された『経済発展の理論』において不況はケインズ理論のようにマクロ的な有効需要の不足ではなく，「新結合」（イノベーション）により創造された新事態による経済循環の正常な適応過程であるとする。これは資本主義経済の動態的分析であり，ヴェブレンの暖簾もイノベーションにより証券価値の増殖が促進されると考えてよいであろう。この暖簾も次第に超過収益力が消滅することになり，再びイノーベンションによる暖簾の創造が必要となる。

(1)　イノベーション

イノベーションの定義

シュンペーターによれば生産過程とは『生産的諸力の結合』であり，新結合（neue Kombination）とはこの生産主力の変更を意味する。この変更について5つに分けられる。

①　新しい財貨，あるいは新しい品櫃の財貨の生産

---

7)　Baudrillardの消費の考え方の特徴は以下のとおり。①消費はもはやモノの機能的な使用や所有ではない。②消費はもはや個人や集団の単なる権威づけの機能ではない。③消費はコミュニケーションと交換のシステムとして絶えず発せられ受け取られ再生する。

② 新しい生産方法の導入

③ 新しい販路の開拓

④ 原料あるいは半製品の新しい供給源の獲得

⑤ 新しい組織の現実（例えば，トラストの形成や独占の打破）

資本主義の資本主義たる所以はこの新結合を常に続けなければならないことである。これはマーシャル（Marshall,A.）の「自然は飛躍せず」の命題に対する反発があるといわれる。

イノベーションのための金融

シュンペーターは明確に新結合をする企業家と信用を供与する（資本家）を区分していた。この資本家とは株式であり，社債（または貸付)である。その意味で企業の資本は総資本となる。これが彼の資本の概念である。この背景にはドイツにおける企業金融が「銀行の信用創造」に依存していた状況がある。

(2) 現代イノベーション

イノベーションのジレンマ

クリステンセン（Christensen,C.M.）[2001]は『イノベーションのジレンマ』として，破壊的イノベーション vs 持続的イノベーションがあるとして，従来のイノベーション（飽和状態）において秩序を乱すことである。

イノベーションの機会

ドラッカー（Druker,P.F.）[1985]は『イノベーションと起業家精神』の中で，イノベーションの機会として次の 7 つを挙げている。それらは

①予期せぬこと，②調和しないこと，③過程に潜むニーズ，④産業と市場の構造変化，⑤人口構成の変化，⑥認識の変化，⑦新しい知識，

である。

第 I 部　古典的証券理論

3　ケインズ（ヒックス）の価値増殖

　経済の不安定性から国民経済の非自発的失業を守る施策としてケインズは有効需要の原理を明示化した。これは企業の証券価値の増殖に大きく影響を与えるマクロ経済の政策である。その要因として以下の2つが挙げられる。

①　GDP（Gross Domestic Product：国内総生産）の増加

　　　GDP の増加はミクロ的には企業収益予想（1株当たり利益）＝$E(\text{EPS})$の上昇を誘発して株価が上昇する。例えば，株価収益率（PER）が一定であれば，PER＝S（株価）／EPS であるので株価は上昇する。同様に他が一定であれば第5章で説明する資本資産価格モデル（CAPM）から市場ベンチマークの収益率 $E(\mu_M)$ が上昇すると，企業の収益率 $E(\mu_i)$ も上昇するので株価が上昇する。

②　マネー・サプライの増加

　　　いまケインズの流動性選好に従って，貨幣需要を所得に依存する取引的動機と金利に依存する金融市場での投機的動機からなるマネー・サプライを $M= M_1+M_2=L_1(Y)+L_2(r)$ と書くことができる。このマネー・サプライ M の増加は金利を下げる。その時，企業の借入金利負担の減少，投資意欲の増殖から株価が上昇する。債券については市中金利が下がり，利回りが低下するから債券価格は高くなる。

(1)　IS-LM 曲線

IS-LM 曲線とはケインズ経済学を基礎に物価を所与としたとき，生産物市場と貨幣市場における GDP と金利の同時に均衡させるモデルであり，株価変動のマクロ経済的影響を理解する際の基本的な知識といえる[8]。

---

8)　ケインズ理論は本来，将来の不確実性から不均衡理論であった。しかし Hicks 流の IS-LM 曲線はまさにケインズ理論を均衡理論に封じ込めてしまったとの批判がポスト・ケインジアンからなされている。例えば，Minsky[1975]の批判は有名である。同様に IS-LM 曲線の批判分析は伊東[2006]を参照。

$$Y = cY + I(r) + G \quad (r\uparrow \Rightarrow I\downarrow \Rightarrow Y\downarrow) \quad (2.3)$$

$$M = M_1 + M_2 = L_1(Y) + L_2(r) = L(Y,r) \quad (\bar{M}: Y\uparrow \Rightarrow M_1\uparrow \Rightarrow M_2\downarrow \Rightarrow r\uparrow) \quad (2.4)$$

C：消費性向　I：投資　G：政府支出　Y：所得(GDP)　r：(名目的)利子率　M：通貨量　M_1：取引及び予備的動機の貨幣量（所得の関数）M_2：投機的動機の貨幣量（金利の関数）

(2.3)のIS曲線からrはYの減少関数であることはすぐに理解できる。(2.4)のLM曲線については貨幣量Mが一定のとき 所得Y（=投資または消費）が増加するとM_1の貨幣需要が増加して，M_2が減少する。これにより金利rが上昇することになる。よってLM曲線からrはYの増加関数である。

ただしIS-LM曲線では名目利子率と実質利子率を区分していないので，第1章で言及したフィッシャーによる$\pi = r - \hat{r}$（インフレ率＝名目利子率－実質利子率）を考慮する必要がある。

(2) IS - LM 曲線の均衡と移動

IS - LM 曲線の均衡

【図表2-4】が示したとおり，(2.3)と(2.4)からその均衡点は（r*, Y*）の水準になる。Y'のときのπはインフレ率である。

【図表2-4】IS - LM 曲線の均衡

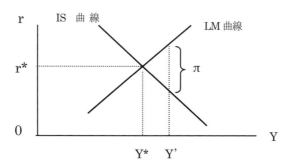

IS 曲線の移動

GDPの成長率の低迷は景気を浮揚策として(2.3)から G（財政支出は Y の増加）または c（消費性向）を上げると，金利も上昇するので，その過程でクラウディング・アウト（金利がそのままであれば，より多くの Y を得ることができるが，Y の増加は金利の上昇となり投資や消費が抑制される効果）が生じて【図表2-5】で示したとおり，$Y^* \to Y^{**}$ にとどまる。

LM 曲線の移動

GDPの成長率の低迷の脱却策として(2.4)から M（通貨量）増加がある。【図表2-6】を参照されたい。これによりLM曲線は下降する。GDPは $Y^* \to Y^{**}$ に増加する。なお，M（通貨量）が増加すると金利が下がるのはケインズの流動性選好（$M^D=f(Y, r) : M\uparrow \Rightarrow r\downarrow$）による。またこの金利の低下は企業業績にプラスになるので株価が上昇してトービン（Tobin）q（＝V/K：企業価値／再調達価格）を引き上げる。よって投資が増加してGDPが上昇する。これは「ケインズ・トービン効果」と呼ばれている。このトービン q は資産価値の上昇により消費の増加を誘導すると考えられる。するとIS曲線が上方移動する。これは「ピグー効果」と呼ばれる。結局，GDPは $Y^* \to Y^{**}$ に増加する。

【図表2-5】IS曲線の移動

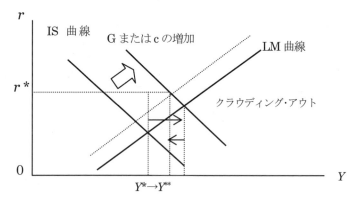

【図表 2-6】LM 曲線の移動

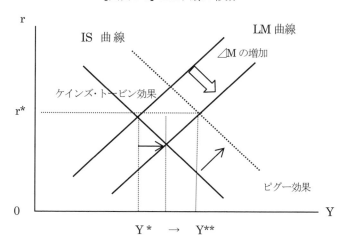

なお，外国為替を含めた国内外の均衡モデルはマンデル‐フレミング・モデルがある。このモデルの均衡は貿易収支 $X(e) - eM^*(e,Y)$ として IS 曲線は以下のよう書き換えられる。

$$Y = cY + I(r) + G + X(e) - eM^*(e,Y) \tag{2.5}$$

　　　e：自国建て為替レート　X：輸出　M：輸入

為替変動相場制の場合，経済成長に対して金融政策は有効であるが，財政政策は効果がないとする。なぜなら積極的な財政政策を実施すると，景気上昇→金利上昇→為替レート上昇→純輸出減少となり，所得増加が相殺されるからである[9]。

まとめ

本章は資本価値の変動についてはミクロ（企業）経済ではヴェブレンの暖簾

---

9)　「マンデル‐フレミング・モデルでは『為替レートの期待変化率』がゼロという特殊な仮定が設けられているから財政政策は為替レートの変化を通じて純輸出を100％クラウディング・アウトするという結果が得られるのである。この結論は非現実的である」（吉川洋[2001] 152 頁）

第Ⅰ部　古典的証券理論

とシュンペーターのイノベーション，マクロ経済ではIS-LM曲線が重要な要素であるとの見地から論じた。具体的には，　ヴェブレンの理論は証券価値のドライバーとしてアーカーのブランド経営戦略，シュンペーターのイノベーションとしてドラッカーの経営戦略に引き継がれる。証券価値の増殖について細分化された専門領域に埋没することなく，相互摂取が必要であることがわかる。

［付録］　微分

微分

$$y = f(x)(x) \rightarrow \frac{\Delta y}{\Delta x} = \frac{f(x + \Delta x) - f(x)}{\Delta x} \rightarrow y', \frac{dy}{dx}, f'(x)$$

$$ex, y = y = 2x^3 \rightarrow y' = 6x^2 (y = x^a \rightarrow y = ax^{a-1})$$

$$y' = \frac{dy}{dx} \qquad y'' = \frac{d^2y}{dx^2} \qquad \frac{dy}{dx} = \frac{dy}{dz} \cdot \frac{dz}{dx}$$

偏微分

$$y = f(x, z) \rightarrow \frac{f(x, z)}{\partial x}, f_x(x, z)$$

$$ex. y = 2x^3 z^4 \rightarrow f_x(x, z) = 6x^2 z^4, f_z(x, z) = 8x^3 z^3$$

全微分

$$y = f(x, z) \rightarrow dy = f_x(x, z)dx + f_z(x, z)dz$$

$$ex. y = 2x^3 z^4 \rightarrow dy = 6x^2 z^4 + 8x^3 z^3$$

参考文献

Aaker, D.A. , Joachimsthaler, E.[2000] *Brand Leadership*, The Free Press,N.Y.　（阿久津聡訳
　[2000]『ブランド・リーダーシップ：「見えない企業資産」の構築』ダイヤモンド社）

Aaker,D.A.[1991]*Managing Brand Equity* ,Free Press,N.Y.　（陶山計介，中田善啓，尾崎久仁博，小

林哲訳[1994]『ブランド・エクイティ戦略―競争優位をつくりだす名前，シンボル，スローガン 』ダ
イヤモンド社)

Baudrillard,J.[1970]*La société de consommation* ,Gallimard,Paris.（今村仁司，塚原史訳[1995]『消
費社会の神話と構造』紀伊国屋書店，新装版[2015])

Christensen,C.M.[1997]*The Innovator's Dilemma: When New Technologies Cause Great Firms to
Fail*, Harvard Business School Press,Boston.（玉田俊平太 監修，伊豆原弓 訳[2001]『イノベーショ
ンのジレンマ―技術革新が巨大企業を滅ぼすとき』翔泳社)

Domar,E.D.[1946]"Capital Expansion, Rate Growth and Employment, '*Econometrica* 14, 37-147.

Hicks,J.R.[1937] "Mr. Keynes and the Classics – A Suggested Interpretation" *Econometrica* 5, 147
–159.

Hicks,J.R[1989]*A Market Theory of Money*, Oxford Clarendon Press,N.Y. （花輪俊哉,小川英治
訳[1993]『貨幣と市場経済』東洋経済新報社)

Druker,P.F.[1985] *Innovation and Entrepreneurship :Practice and Principles* , Harper & Row, N.Y.
（上田淳生訳[2007]『イノベーションと企業家精神：その原理と方法』(ドラッカー名著集：新約版　ダ
イヤモンド社)

Heilbroner,R.L.[1999]*The Worldly Philosophers: The Lives, Times, and Ideas of the Great Economic
Thinkers* (7th)，William Morris Agency，N.Y.（八木 甫，浮田聡，堀岡治男,松原隆一郎,奥井智之訳
[2001]『入門経済思想史 世俗の思想家たち』ちくま学芸文庫)

Hicks,J.R.[1937] "Mr. Keynes and the Classics – A Suggested Interpretation," *Econometrica* 5, 147
–159.

Marris,R.[1964]*The economic theory of 'managerial' capitalism*, MACMILLAN, London.（大川勉,森
重泰,沖田健吉訳[1971]『経営者資本主義の経済理論』東洋経済新報社)

McCraw,T.K.[2007] *Prophet of Innovation: Joseph Schumpeter and Creative Dest-ruction*,Harvard
University Press,Boston.(八木紀一郎監訳[2010]『シュンペーター伝：革新による経済発展の預言者の
生涯』一灯舎)

Minsky,H.P.[1975]*John Maynard Keynes* （Columbia Essays on the Great Economists) Columbia
University Press, N.Y.（堀内昭義訳[1988]『ケインズ理論とは何か―市場経済の金融的不安定性』岩
波書店)

Porter,M.[1980] *Competitive strategy: techniques for analyzing industries and Competitors*,Free
Press,N.Y.（土岐坤,中辻萬治,服部照夫訳[1985]『競争の戦略』ダイヤモンド社)

Porter,M.[1985] *Competitive advantage: Creating and Sustaining Superior Performance*, Free
Press,N.Y.（土岐坤訳[1985]『競争優位の戦略――いかに高業績を持続させるか』ダイヤモンド社)

Schumpter,J.A.[1911]*Theorie der Wirtschaftkichen Entwicklung*2.(1926)Aufl. München（塩野谷祐一,
中山伊知郎，東畑精一訳[1977]『経済発展の理論』岩波文庫）(English translated　by William Smart
Freeport, N.Y.：Books for Libraries Press.)

第Ⅰ部　古典的証券理論

Tobin,J.[1998]*Money,Credit,and Capital,*McGraw-Hill,N.Y.(藪下史郎,大阿久博, 蟻川靖浩訳[2003]『トービン金融論』東洋経済新報社)

Veblen,T.[1899]*The Theory of the Leisure Class,* Modern Library, N.Y. (小原敬士訳[1961]『有閑階級の理論』岩波文庫)

Veblen,T.[1919]*The Theory of Business Enterprise*（Social Science Classical Series ,Transaction Publishers(1978)N.Y.(小原敬士訳[2005]『企業の理論』 勁草書房)

石井安憲, 野一治, 秋葉弘哉, 須田美矢子, 和気洋子, セルゲイ・ブラギンスキー [1999]『入門・国際経済学』有斐閣

伊東光晴, 根井雅弘[1993]『シュンペーター』岩波書店

伊東光晴[2006]『現代に生きるケインズ』岩波書店

石橋春男, 関谷喜三郎[2007]『マクロ経済学』創成社

稲上毅[2013]『ヴェブレンとその時代 いかに生き, いかに思索したか 』新曜社

宇沢弘文[2000]『ヴェブレン』岩波書店

大村敬一,浅子和美,池尾和人,須田美矢子[2004]『経済学とファイナンス』(第2版) 東洋経済新報社

佐藤猛[1992]「米国の株式分割と配当」『日本企業の配当政策』167-182　中央経済社

佐藤猛[1997]「序論 現代企業と配当政策の体系化」「不完全市場の配当政策」『現代企業と配当政策』1-8&29-41　日本証券経済研究所

清水克俊, 堀内昭義[2003]『インセンティブの経済学』有斐閣

中谷巌[2007]『入門マクロ経済学』(第5版)　日本評論社

シュンペーター（J.A.）（成忠男編訳）[1998]『企業とは何か』東洋経済新報社

吉川洋[2001]『マクロ経済学』(第2版)　岩波書店

第3章　組織的な市場

　ケインズと同様にヴェブレンもまた企業の資本取引は「組織的な市場」で行われることを前提とした。この「組織的な市場」とは暗黙裡の条件であるが,具体的にどのような条件を持つのか。従前では証券市場論のなかで「証券取引所」の経済的な機能は重要なテーマであったが[1],最近は次章で展開する効率的市場論に代わってしまった。そこで古典的証券理論としての「組織的な市場」について再考する。シンプルであるが本質的問題である。そこから派生してその現代的な組織化された市場としての基本的な証券市場システム（資金調達,取引システム,企業組織）を展開する。

1　組織的な市場とは

(1)　メンガーの見解

　「組織的な市場」とは商品の販売可能性に集中点を持つことを意味する。そのため点在する取引所と異なり,メンガー（Menger, C.）[1923]はいくつかのメリットを具体的に挙げている[2]。

①　商品の販売可能性に集中点を持ち,価格調整が速く,決定した価格の情報伝達も早い。

②　取引が規則的・継続的に行われているので,高い流動性を持つ。

③　裁定は行われ集中点間の価格差がなくなる。

④　専門的な知識に基づく投機が行われ,流動性に厚みを増す。

---

1)　福田[1935],藤田[1941],鈴木[1991]等がある。

2)　Menger［1923］（同訳書第8章第2節357-379頁）。なお,この要約は間宮[1993]（81-83頁）を参考にした。

35

第 I 部 古典的証券理論

現在，証券取引所は公正な価格発見と取引の継続性が重要な機能であり，さらにその取引が効率的か否か，取引のスピードが重要な課題となっている。

(2) マックス・ウェーバーの見解

ドイツの マックス・ウェーバー (Weber, M.) [1924]は時代的要請に基づき，制度的アプローチから『取引所 (Die Börsen)』では，以下のような取引所の改革を提唱した。

取引所は近代的市場である。そこは，規則的な－大取引所では毎日の－集まりで売買を締結する場所である。取引所は「非人格的」な近代社会の不可欠的な場所であり，これは合理的に運営されるならば，さらに近代経済社会に大きな産物として銘記されるであろう。証券取引所は特に証券を取り扱っており，ドイツの証券取引所の地位向上と取引上の本質的機能，流通の調整者としての機能，特に市場価格形成による調整者としての機能について「道徳的資格」または「倫理的資格」から取引所の改革が必要性である[3]。

さらに，投機的取引に関しては「定期取引を廃止すれば投機がなくなると信じてはならない」と警告する。また仲買人の自己の投機取引により取引上の相場が大きく影響するともいう[4]。このように，メンガーの見解と別次元で証券取引所自身のガバナンスについての論究は非常にユニークである[5]。

(3) ケインズの見解

ケインズは『一般理論』の第 12 章において，以下のように語っている。
「今日広く行き渡っている所有と経営の分離に伴い，また組織化された投資市場が発達した。株式取引所は多くの投資物件を毎日のように再評価し，その再

---

3) 同時期にヒルファーディング[1910]も金融資本論の中で取引所論を展開しているが，資本の動員・擬制資本としての機能である。

4) Weber(同訳書 88 頁)。

5) 詳細の検討は松野尾裕[1991,1992] を参照。Weber（同訳書 88 頁)。

36

評価は個人に対して（社会で全体ではないが）彼の契約を変更する機会を頻繁に与える。すなわち，組織化された投資市場により投資の促進と不安定さが著しく高まった。ひいては「流動性」の高い市場を形成して，これを崇拝する機関投資家を誕生させた。このように投資市場の組織が改善されると，投機が優位を占める危険性があり，市場は不安定化を増す[6]。この顕著な事例がニューヨーク証券取引所である[7]。」

すなわち，ケインズは「組織的な市場」とは「流動性」の高い市場である一方，投機が増して不安定が増す特性を持っていることを示唆した。

（4） 現代的な見解

第2次世界大戦後（1945年），福田平太郎[1972]はマックス・ウェーバーの取引所論に対する尊敬の念を持ちつつ，証券取引所の市場の完全性として

① 取引主体の平等性

② 上場証券の等質性

③ 上場審査の厳格性

④ 市場の透明性

⑤ 市場の持続性

を挙げている。

これらは今でも変わらない証券取引の本質的な機能である。現在，証券取引所は特に，「公正な価格発見」と「取引の継続性」が重要な機能であるとされる。

ケインズの明言以降も「組織的な市場」の改善が行われ，この成果として次第に市場はハイブリットになった。例えば，証券取引市場を不確実なリスク均衡の場所とする。こうした公正の場としての検証として，価格発見のための市場の効率性（情報）の重要性が増した（詳細は第4章で展開する）。この議論を展開する前に，金融・証券市場システムの現状を紹介する[8]。

---

6) 例えば，Diamond [1967]等を挙げることができる。

7) Keynes[1935]（訳書150-151頁）。

8) 明治時代からの金融・証券市場の歴史は鈴木[1999]，寺西[2011]を参照。

第Ⅰ部　古典的証券理論

2　金融市場

(1)　金融市場の類型

　金融市場は資金融通を意味する。その金融市場について日本を想定して整理すると【図表3-1】のとおりになる。金融ビックバンを通して証券市場の役割が大きくなっている。特に，金融市場と資本市場の区分は重要である。さらに派生取引は金融商品としての位置づけである。

【図表3-1】金融市場システム

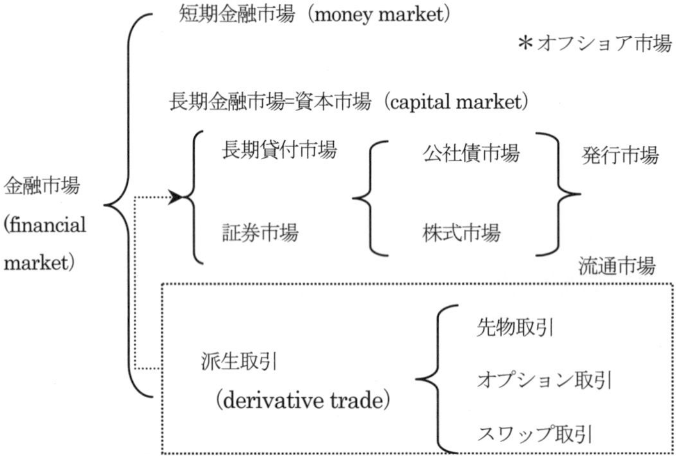

(2)　金融市場の資金フロー

　金融市場とは資金融通のことである。【図表3-2】家計の金融資産が政府と企業に資金フローとして振り向けられる。その場合，家計から銀行への資金移動は「間接金融」家計から証券業を通して直接企業に貸し付けするときは「直接金融」という。特に，投資と資金調達は裏腹の関係にある。資金フローについて，通常，国内（H＞E＋G）は海外（H＝E＋G＋F）を含めて均衡化する。

このことは第2章で説明したとおり，IS‐LM曲線についても国内と海外の均衡が存在するのと同じである。

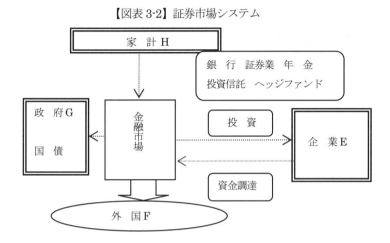

【図表3-2】証券市場システム

3　証券市場システム

この証券市場システムは日本を想定して展開するが，本質的な点については他国にも適用できるであろう。

(1)　発行市場(資金調達)

企　業

そこで企業が運転資金の不足のため金融市場で資金調達する場合，【図表3-3】のように貸借対照表様式に基づいて証券を体系的に図示できる。

まず，資金調達としての証券発行として，デット・ファイナンスでは長期資金としての社債が挙げられる。次に社債に新株引受権が付与されており，この転換を株式に転換できる転換社債（CB: Convertible Bond）と，社債のほかに新株引受権（ワラント）がアンバンドリング（切り離し）した型で付与された

ワラント社債（WB: Warrant　Bond ）は会社法上，新株予約券権付社債といい，これらはエクイティ（関連）ファイナンスである。

さらに狭義のエクイティ・ファイナンスとしては株式がある。これは通常は普通株式を示すが，優先株式も時々発行される。この優先株はいろいろ形態があるが，共通しているのは普通株式の配当に対して優先的性格を持つ。最近では資産を効率的に運用するため，資産を担保に証券化する資産担保証券（ABS: Asset Backed Securities）発行も可能となり急成長を遂げている。米国では住宅担保をプールして発行された債務担保証書（CDO : Collateralized Debt Obligation）が注目を浴びた。この証券については第 8 章で展開する。

【図表 3-3】企業の資金調達の方法

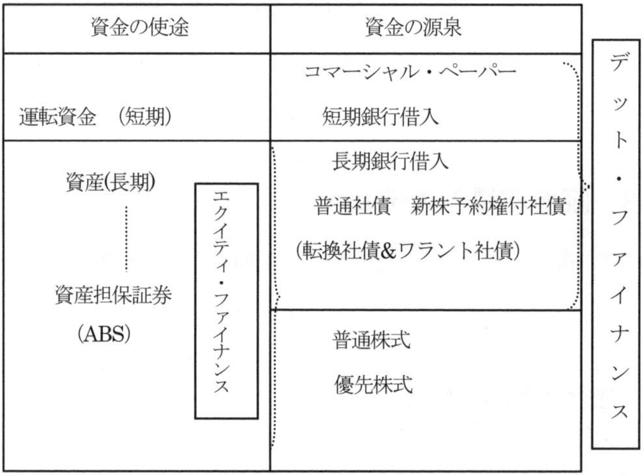

資金の使途		資金の源泉	デット・ファイナンス
運転資金　（短期）	エクイティ・ファイナンス	コマーシャル・ペーパー 短期銀行借入	
資産(長期)		長期銀行借入 普通社債　新株予約権付社債 （転換社債&ワラント社債）	
資産担保証券 （ABS）		普通株式 優先株式	

政　府

政府の発行の債券を国債という。この国債には①建設国債，②特例国債（通称，赤字国債），③借入国債，④財政融資特会債（財投債）がある。この中で，証券市場では 1000 兆円を超えた②の赤字国債が重要である。その種類は超長期国債（30 年物と 20 年物の利付債，15 年物変動利付債），長期国債（10 年物利

40

付債），中期国債（2年から6年もので利付債と割引債），短期国債（1年以内の割引債）となっている。これら国債は市場外の機関投資家間で取引が行われている。なお，10年債標準物の利回りは長期金利の指標となっている。

(2)　流通市場（売買取引）

【図表 3-4】で示したように流通市場は需給統合する取引システム（注文駆動型市場：order-driven market）を採用するニューヨーク証券取引所（NYSE），東京証券取引所とマーケット・メーカーの気配表示する取引システム（相場駆動型市場：quote-driven market）を採用する米国店頭市場（NASDAQ），日本店頭市場（JASDAQ）である。両者とも価格決定システムの基本はオークション（auction），さらにダブル・オークションである。このオークション理論については第9章で詳解する。

さらに，その市場参加者をバイサイド（buy side）とセルサイド（sell side）に区分して類型化できる[9]。バイサイド＝流動性需要者であり，セルサイド＝流動性供給者である。セルサイドの中にはブローカー（取引の仲介）とディーラー（流動性と提供する）を兼ねる者（企業）がいる。これらはデュアル・トレーダーといい，日本の証券会社はこれに該当する。

また，マーケット・マイクロストラクチャー（市場のミクロ構造）では情報・非情報トレーダーは合理的投資家であり，それに対峙するノイズ・トレーダーまたは流動性トレーダーは非合理的投資家である。これらのトレーダーは第10章で登場する。

高頻度取引

取引の継続性としての売買システムの効率化はコンピューター・イノベーションによる高頻度取引（HFT:High Frequency Trading）システムにより現実化した。高頻度取引は証券市場に次のような変化をもたらせた。特に機関投資家

---

9)　Harris,R.［2003］（同訳書52-54頁）。

第 I 部　古典的証券理論

はコンピュータ・プログラムによる自動発注取引のアルゴリズム取引（AT：
Algorithm Trading）[10]を盛行させた。商品先物委員会（CFTC）・証券取引委員会(SEC)の共同報告書[2010]は高頻度取引の特徴を以下のように整理している[11]。

① 注文の発注，回送，執行するための超高速コンピュータ・プログラムの使用
② ネットワークの遅延の最小化
③ コロケーション・サービス（取引所にできるだけ近く売買執行できる発注サーバーの設置サービス）の利用
④ 注文と清算の短縮化
⑤ 取引キャンセルが増加
⑥ 日中で取引をフラット化

　一般的に高頻度取引は取引情報をより効率的にして，スプレッドを縮小させるなど，流動性を厚くする効果があるとされた[12]。また機関投資家のマーケット・インパクトを回避のための注文小口化の傾向を強くしたといわれている[13]。

　フーコ（Foucault,T.）[2012]は高頻度取引（アルゴリズム取引）が与える流動性への影響について，各国証券市場の実証研究のサーベイから以下のように整理・要約した。

① 流動性を改善
② 価格変動（ボラティリティ）緩和
③ 価格発見を促進

---

10) アルゴリズム取引（AT）とはある目的（例えば裁定取引）に沿って組み立てられたアルゴリズムにより自動化された取引をいう。その代表的な投資手法としては，以下のとおり。①TWAP（Time-Weighted Average Prices）　②VWAP(Volume-Weighted Average Prices)　③アイスバーグ注文（一つの注文を分割して行う）
11) 米国市場におけるアルゴリズム取引と市場の質の関係については Hendershott, Jones &Menkveld [2010]，AT と流動性の関係については Hendershott&Moulton [2010]等を参照。
12) Foucault[2012]は高頻度取引の文献を総合的にサーベイした見解である。
13) 佐藤[2015]では高頻度取引の証券システムの論点が整理されている。

42

わが国においても 2010 年初頭に東京証券取引所のアローヘッドが稼働を開始し，高速・高頻度取引（HFT）が本格化した。

しかし，米国では高頻度取引市場が進展する中，2010 年 5 月 6 日，突然，午後 2 時 40 分ごろダウ工業株平均が 5 分間で 573 ドル（－5.12%）暴落をして，その後，午後 2 時 47 分ごろから 1 分半で 543 ドル急騰した。これをフラッシュ・クラッシュ（Flash Crash）という。

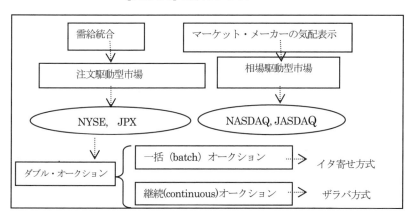

【図表 3-4】取引システム

流通市場の国際化

高頻度取引のシステムは各国取引所に大きな財政的負担を強いた。そこで多くの各取引は会員制度から株式会社に組織変更して，資金調達が行いやすいようにした。また，大きな再編が国際的にも行われた。2007 年のニューヨーク証券取引所（NYSE）とユーロ─ネクスト（パリ・アムステルダム・ブリュッセル・リスボンにある証券取引所の総称）が合併して **NYSE-URONEXT** を設立して世界最大の規模となった。国内では東京と大阪の証券取引所が 2013 年に合併をして日本証券取引所グループ（**JPX**）を設立した。現在の世界ランキングの状況は【図表 3-5】に掲載している。

【図表 3-5】世界取引所のランキング(2013)

取引所名	時価総額(兆 $)
米国NYSEユーロネクスト	15.8
ナスダックOMX	5.2
日本取引所	4.2
ロンドン取引所	3.8
欧州NYSEユーロネクスト	3
香港取引所	2.8
上海取引所	2.6
TMXグループ	2
ドイツ取引所	1.6

資料：世界証券取引所調べ

(3) 上場企業の組織論

　ハート（Hart,O.）[1993]に従えば，株主が企業の所有者である。エージェンシー型企業の経営者は株主のために経営をする。よって，上場会社は以下のような組織が形成される。公開企業については1930年代にすでにバーリー・ミーンズ（Berle,A.&Means,G.）[1932]が法律的側面から分析して「所有と経営者の分離」の状況を析出した。この結果，企業は「経営者支配」されていると主張した。この見解は米国の1933年と1934年の「連邦証券諸法」やNYSEの上場規定においてもその主張が遺憾なく反映されている。そのひとつが企業のディスクロージャーであり，経営者のモラル・ハザードに対するモニタリングの強化である。この理論的構築は後にコース（Coase,R.）[1937]を嚆矢とするエージェンシー型企業として展開された。この株主の企業統治をコーポレート・ガバナンスという。その概略は【図表3-6】で示している。

【図表 3-6】エージェンシー型企業

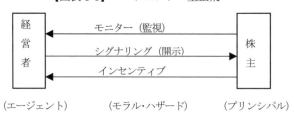

コーポレート・ガバナンスとは

1990 年に入ると，コーポレート・ガバナンス議論が盛んとなった[14]。この背景として一般的な説明は，米国の事例に基づき企業の経営者行動と投資家の投資行動に起因するが，これは一般に「企業統治」または「企業運営」と訳されている。機関現象は 1970 年代から顕著となり，彼らは従来から経営者の企業の業績不振は，その株式を売却することで意思表示できるウォール・ストリート・ルールといわれる投資運用を踏襲していた。しかし，こうした消極的な投資運用，サイレント・ストックホルダーでは証券市場の低迷の時は効率的運用を行うことはできない。ここにアクティブ・ストックホルダーとしての行動へ変容する要因があった。

また 1980 年代後半，「1974 年従業員退職所得保障法」（エリサ法）により機関投資家の受託責任強化がなされ，これを契機に従来，議決権白紙委任状であった信託運用対象について，エイボン・レターを契機に必要時，議決権行使が可能となり，積極的に経営関与の途が開かれた。

以上の証券市場において，機関投資家の経営者に対するモニターの強化が潮流となった。このエポック・メイキングの事例として，カルパース（CALPERS：カルフォニア公務員退職年金基金）が GM 社の経営者に要求して作成された"Guideline on Significant Corporate Governance Issue" が挙げられる。

こうして，当時，耳慣れないコーポレート・ガバナンスは企業，証券市場の包括的な情報として日本にも紹介された[15]。当時，わが国ではバブル経済崩壊により，上場企業の経営者行動のモラル・ハザード問題が惹起した時期と符合する。であるから日本ではコーポレート・ガバナンスは企業または経営者に対する社会的責任（Accountability）という広範囲な問題意識と結びついて盛んに論じられるようになった。

---

14) 佐藤[2000]の要約である。
15) 1992 年，野村総合研究所の『財界観測』での論文「米国のコーポレート・ガバナンス」（1992 年 5 月）と「日本企業のコーポレート・ガバナンス」（1992 年 9 月）が日本に紹介された。それ以前は，コーポレート・ガバナンス議論はほとんどない。

第 I 部　古典的証券理論

コーポレート・ガバナンスの現状をみると，まず金融庁は機関投資家に対して「スチュワードシップ・コード」（2014）を作成し，東京（日本）証券取引所は上場会社に対して「コーポレート・ガバナンス・コード」（2015）を作成して，これらのコードの普及に努めている。この点，主務官庁主導型であり米国と異なるようである。

経営者のモデル化

エージェンシー型企業の経営者が株主のために経営をする。そこで経営者の固定報酬 C，企業利益 π，経営者の努力 e，不確実性 ε（正規分布）とすると企業利益は以下のように表現できる。

$$\pi = f(e, \varepsilon) - C \tag{3.1}$$

$$\frac{\partial f(e, \varepsilon)}{\partial e} > 0 \qquad \frac{\partial^2 f(e, \varepsilon)}{\partial e^2} < 0$$

よって，$\max E(\pi)$ を最大化するとは $E(V_E)$（予想株主価値）を最大化することを意味する。

まとめ

本章は古典的な「組織的な市場」の定義からはじまり，基本的な現代的な証券市場システムまで展開した。証券理論はこうした証券市場の制度的知識が前提となっており，第 II 部以降の議論に際しては必要不可欠な知識である。

いまや高度コンピューター化された「組織的な市場」は高頻度取引が大半を占めるに至った。そこではアルゴニズム取引の振る舞いの研究が重要課題である。

さらに上場の企業組織論では，こうした企業価値極大化の経営とは別にコーポレート・ガバナンスをさらに拡張（株主のみではなくステイクホルダーを含め）した（上場）企業の社会的責任（CSR）が提唱され，多くの企業が関心を寄せている。具体的には環境，社会，ガバナンス（ESG）である。この 2 つの

46

課題（企業価値と CSR）をどのように調和させるかが喫緊の問題となった[16]。

参考文献

Abergel,F.,Bouchaud,J.P.,Foucault,T.,Lehalle,C.A.,Rosenbaum,M.[2012] *Market Micro -structure*, John Wiley& Sons. U.K.

Berle ,A.,Means,G.[1932]*The Modern Corporation and Private property*, Macmillan,N.Y. (北島忠男訳[1958]『近代株式会社と私有財産』文雅堂書店)

Coase, R.[1937]*The nature of the firm* (宮沢健一他訳[1992]『企業・市場・法』東洋経済新報社) in **Williamson,O.E.&Winter, S.G.[1991]***The Nature of The Firm*,Oxford University Press.N.Y.

Diamond,P.A .[1967] "The Role of a Stock Market in a General Equilibrium Model with Techno -logical Uncertainty, "*American Economic Review* 57(4), 759-776.

Foucault,T.[2012]"Algorithmic Trading: Issue and Preliminary Evidence,"in **Abergel et al.** [2012]3-40.

Hart,O.[1993] *Firms, Contracts, and Financial Structures* (Clarendon Lectures in Economics) Oxford University Press,N.Y.(鳥居昭夫訳[2010]『企業 契約 金融構造』慶應義塾大学出版会)

Harris,R.[2003]*Trading and Exchanges:Market Microstructure for Practitioners*,Oxford University Press,N.Y. (宇佐美洋監訳[2006]『市場と取引』上下, 東洋経済新報社)

Hendershott,T., Jones, C.M., Menkveld, A.J.[2010] " Does Algorithmic Trading Improve Liqui -dity," *Journal of Finance* 66(1), 1–33.

Hendershott,T.,Moulton.,P.C.[2010]"Automation ,Speed ,and Stock Market Quality :The　NY SE's Hybrids, " *SSRN Working Paper*, 1-37.

Jensen,M.C.[1989]" Eclipse of the Public Corpoation, "*Havrard Business Review*, Sept.- Oct. 61-74.

Keynes,J.M.[1936]*The General Theory of Employment, Interest, and Money* (The Collected Writ -ings of John Maynard Keynes Vol.Ⅶ) The Macmillan Press,London.1971 (塩野谷祐一訳[1995]『雇用・利子および貨幣の一般理論』ケインズ全集第 7 巻, 東洋経済新報社)

Myers.,S.C.,Maljuf.,N.[1984] "Corporate Financing and Investment Decision When Firms have Information that Investors do not have, " *Journal of Finance and Economics* 3,187-221.

Menger, C.[1923]*Grundsatze der VolksWirtshaftslehre* Zweite Auflage Holder Pichler Temsky A. G,

---

16) Porter & Kramer[2006&2011]の戦略的 CSR と CSV について参照。

Wien/G. Freytag G. M. B. H./Leiptiz（八木紀一郎，中村友太郎，中島芳郎訳[1984]『一般理論経済学』みすず書房）

Porter, M.E. , Kramer, M.R. [2006]Strategy and Society: The Link Between Competitive Advantage and Corporate Social Responsibility, *Harvard Business Review*,December 2006,78–92. （編集部訳日本版[2008]「競争優位の CSR 戦略」『DIAMOND ハーバード・ビジネス・レビュー』2008 年 1 月号 36‐51,ダイヤモンド社）

Porter, M.E. , Kramer, M.R. [2011] Creating Shared Value: Redefining Capitalism and the Role of the Corporation in Society, *Harvard Business Review*,January and February 2011（編集部訳 [2011]「共通価値の戦略」『DIAMOND ハーバード・ビジネス・レビュー 2011 年 6 月号』8‐31,ダイヤモンド社）

SEC&CFTC[2010]　Finding Regarding the Market Events of May 6. 2010, SEC &CFTC (2010.9. 30), 1-104. Washington, D. C.

Weber,M.[1924]　" Die Börsen," *Gesammelte Aufsätze zur Soziologie und Sozialpolitik* 256-322 , Tubingen.（中村貞二，柴田固広訳[1968]『取引所』未来社）

大墳剛士[2014]「米国市場の複雑性と HFT を巡る議論」『JPX ワーキングペーパー特別レポート』日本取引所グループ

http://www.jpx.co.jp/news-releases/ncd3se0000001a72-att/JPX_WP_SP.pdf

大崎貞和[2014]「HFT（高頻度取引）と 複雑化する米国の株式市場構造」 野村総合研究所

https://fis.nri.co.jp/~/media/Files/knowledge/media/.../camri201411.pdf

大村敬一，吉野雅司[2013]『証券論』有斐閣

佐藤猛[2000]「コーポレート・ガバナンスのパラダイムとその Path」『年報財務管理研究』第 10 /11 号 19‐27　日本財務管理学会

佐藤猛[2015]「ブラック・マンデーが提起した課題の今日的意義」『証券経済学会年報』第 50 号別冊 1-13 証券経済学会

清水克俊，堀内昭義[2003]『インセンティブの経済学』有斐閣

鈴木芳徳[1999]『明治の取引所論 』白桃書房

寺西重郎[2011]『戦前期日本の金融システム』岩波書店

福田敬太郎 [1947]『証券取引所』千倉書房

松野尾裕[1991]「マックス・ヴェーバーの取引所法論（上）Max Weber's Essay "Boersengesetz" 」立教経済學研究 44（3） 85－106　立教大学経済学部

松野尾裕[1992]「マックス・ウェーバーの取引所法論（下）」『愛媛大学教育学部紀要.』 第 II 部人文・社会科学.24（2）101-111　愛媛大学教育学部

第4章 効率性の複合仮説

　本章では第II部と第III部の証券理論を展開するために 「証券市場の構造」を類型化する必要がある。この証券市場の構造は情報の効率性の仮説と投資家の合理性の仮説からなる類型化である。この基準はファーマ[1970]によるもので市場の効率性は2つの複合仮説から成立する。よって，市場の効率性は情報の効率性の仮説のみでないことに留意すべきである。また，本章ではこの情報の効率性の仮説の反論も展開する。

1　情報の効率的市場

(1)　効率的市場とは

概念の変遷

　証券市場の株価のランダム特性は1863年にパリ取引所のフランスに仲介業者ルノー(Regnault,J.)によって最初に発見された。その厳密なモデル化が1900年のルイ・バシュリエによる株価のブラウン運動である。

　それ以降，このテーマは余り研究されなかった。1960年代に再び脚光を浴びるようになる[1]。1963年，マンデルブロ（ Mandelbrot, B.）は綿花の価格の変化率が安定パレート分布（Stable Paretian Distribution） の中の太い尾（fat tail）の分布に従うことを実証した。同様に同じ雑誌にファーマ（Fama,E.）もマンデルブロを支持した。さらにファーマは1965年，証券市場の価格変化が安定パレート分布に従うことはランダム・ウォーク仮説と矛盾しないことを明ら

---

1)　標本の平均ともとの分布の期待値との差が，もとの分布と同じになるような分布を「安定分布」と呼ぶ。正規分布や太い尾の分布は安定分布の特別な場合である。

第 I 部　古典的証券理論

かにした。ここに効率的市場仮説が成立した。一方，1949 年にノイマン・モル
ゲンステルン（von Neumann-Morgenstern）は効用関数を発表した。この効
用曲線は 1960 年以降のアロー - プラットの危険回避度の理論展開に結び付く。
そしてリスク回避が合理的投資家とする同意が形成された。

　その後，シラー（Shiller,R）を中心に情報の効率性への反論，サイモン（Simon,
H.A.）の投資家の合理性への反論がなされるに至った。

効率的市場の定義

　効率的市場仮説については投資家の合理的性を前提にしてファーマの以下の
定義が最も一般的である。

　「資本市場の役割は，経済の資本ストックに対する所有の分配である。一般
的にいえば，価格が資源分配のための正確なシグナルを提供する市場が理想で
ある。すなわち投資家はいかなる時点の証券価格が利用可能な情報をすべて完
全に反映しているという仮定の下，企業は生産と投資を決定し，そして投資家
は企業活動の所有権を表わす証券の中から選択が可能な市場である。価格が常
に『利用可能な（fully reflect）』情報を完全に反映している市場のことを『効率
的（efficient）』と呼ぶ。」

　そこで t 期における情報集合 F_t を条件とした翌期価格 S_{t+1} の予想価格は以下
のようになる。ただし，t 期の株価を S_t とする。

$$S_t = E \left[S_{t+1} \mid F_t \right] \tag{4.1}$$

　次に超過期待収益 ξ_{t+1} を S_{t+1} に関する現実値とその期待値の差とすれば，以
下のとおりになる。

$$E \left[\xi_{t+1} \mid F_t \right] = 0 \tag{4.2}$$

　上記式はあらゆる（$\forall$）過去の情報（$\in F_t$）を含むから超過期待収益は生じな
いことを意味する。

　この状態を特にファーマはフェアー・ゲーム（fair game）と呼んだ。フェア

50

ー・ゲームのうち，時系列でF_t（フィルトレーション：過去の情報系列）はマルチンゲールの概念を利用すると，以下のように類型化ができる。

$$
\left.
\begin{array}{l}
S_t > E\left[\,S_{t+1}\mid F_t\,\right] \rightarrow \quad \text{スーパー・マルチンゲール} \\[2ex]
S_t = E\left[\,S_{t+1}\mid F_t\,\right] \rightarrow \quad \text{マルチンゲール} \\[2ex]
S_t < E\left[\,S_{t+1}\mid F_t\,\right] \rightarrow \quad \text{サブ・マルチンゲール}
\end{array}
\right\} \quad (4.3)
$$

なお，スーパー＆サブ・マルチンゲールはマルチンゲールに変換できる。

(2) 効率的市場の類型

検証基準（テストⅠ）

ファーマは効率的市場仮説としての検証基準（テストⅠ）を以下のように類型化した。

① ウィーク（weak）型

　市場が利用可能なすべての情報を包含した情報集合として，それに基づいて形成された価格を時系列にとらえる仮説である。各期の価格は各期情報集合に基づき別々に形成される。各期の価格は予期し得ない突発的要因のみに依存する。そして価格はこの突発的要因により酔っ払いの千鳥足のように変化するに過ぎないとする理論をランダム・ウォーク（random walk）という。

② セミ・ストロング（semi-strong）型

　投資家が公表され容易にかつ安価で入手可能な情報，例えば，経営者のシグナルとしての会計情報，新聞雑誌，放送等の情報，証券アナリスト，エコノミストもマクロ的予測等を情報集合として，それを反映して即座に価格形成されている場合をセミ・ストロング型という。

③ ストロング (strong) 型
一般に入手出来ない情報や，企業内部の機密情報等の情報集合について市場の価格に徐々に反映されている場合をストロング型という。こうした情報が公表された時にはすでに株価にその情報は織り込んでいる。

イベント公表と株価Sについて検証は【図表 4-1】を参照願いたい。

【図表 4-1】検証基準（テストⅠ）

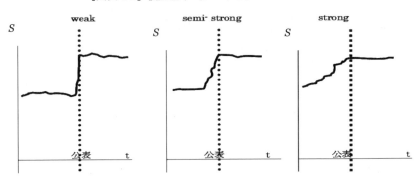

改定検証基準（テストⅡ）

以上のように効率的市場仮説に対する異議が唱えられた。このため，より現実的な効率的市場仮説の改定基準をファーマ[1991]は再提案した。
① ウィーク型をリターンの予測可能性テストへ
② セミ・ストロング型をイベント・スタディ・テストへ
③ ストロング型を私的情報テストへ

(3) ランダム・ウォークの類型

ランダム・ウォーク

ファーマの定義は期待（割引）金利のみに依拠しており，リスクは欠落して

いる。そこで時系列株価 S_t を以下のように定義した上で，リスクを含んだ概念からランダム・ウォークを細分化できる。$N(\cdot)$ は株価変動の正規分布を意味する。

$$S_t = \mu + S_{t-1} + \varepsilon_t \qquad \varepsilon_t \sim i,i,d.N(0,\sigma^2) \qquad (4.4)$$

μ ：期待価格の変化（リスク中立型としてドリフト，金利を想定すればよい）

ε_t ：ホワイトノイズ　$i.i.d.$ ：独立でかつ同一の分布　σ^2 ：ε_t の分散

ブラウン運動

ランダム・ウォークは離散型である。それを連続時間の微小の時間の変化を考えよう。そこである確率変数 B_t ついて，微小の時間の変化を Δt（＞0）に対する B_t の増加分を以下のように定義する。

$$\Delta B_t = B_{t+\Delta t} - B_t$$

確率変数 $\{B_t\}$ が一定の条件を満たすと標準ブラウン運動になる[2]。
その時 $\{B_t\}$ をもった確率変数である株価 S_t については，確率微分方程式（SDE）で表わすことができる。以下，SDE と分布を示す。

$$dS_t = \mu dt + \sigma dB_t \qquad S_t = S_0 + \mu t + \sigma B_t \qquad (4.5)$$

よって

$$|S_t - S_0| \sim N(\mu t, \sigma^2 t)$$

である。

上記式の株価（確率変数）S_t は算術ブラウン運動をする。

さらにドリフト項 μ と拡散項 σ も株価 S_t に依存していると仮定すれば，株価 S_t は以下のように幾何ブラウン運動をする。

2）標準ブラウン運動になる条件は第1章のルイ・バシュリエの投資理論を参照。

第 I 部　古典的証券理論

$$dS_t = \mu S_t dt + \sigma S_t dB_t \qquad\qquad S_t = S_0 \exp\left\{(\mu - \frac{1}{2}\sigma^2)t + \sigma B_t\right\} \tag{4.6}$$

よって

$$\log \frac{S_t}{S_0} \sim N\left[(\mu - \frac{\sigma^2}{2})\Delta t, \sigma^2 \Delta t\right]$$

である。

ブラック・ショールズ（B-S）オプション・モデルにも利用される。

なお，ブラウン運動 B_t はウィーナー過程 W_t とも呼ばれている[3]。

(4) 無裁定理論

いま t 期において n 種類の証券の総数であり，各証券の列ベクトル S（n 行 1 列）とし， k は市場の状態の総数として，ペイオフのベクトル D (n,k) とする。さらに各資産への投資量ベクトル x $(n,1)$ する。よって t 期のポートフォリオの価値（評価額）は以下のとおりとなる。

$$\sum_{i=1}^{n} x_i S_i = \mathbf{x}\,\mathbf{S}^\mathsf{T} \qquad \mathbf{S}^\mathsf{T} : \mathbf{S} \ \text{の転置行列} \tag{4.7}$$

以上から裁定取引の機会を考えよう。

$$\mathbf{x}\mathbf{S}^\mathsf{T} \leq 0 \ \text{かつ} \ \mathbf{D}^\mathsf{T}\mathbf{x} > 0 \ \text{あるいは} \mathbf{x}\mathbf{S}^\mathsf{T} < 0 \ \text{かつ} \mathbf{D}^\mathsf{T}\mathbf{x} \geq 0 \tag{4.8}$$

$\mathbf{x}\mathbf{S}^\mathsf{T} \leq 0$ かつ $\mathbf{D}^\mathsf{T}\mathbf{x} > 0$ ：現時点における非正の投資が将来，正の収益をもたらす投資機会を第 1 種の裁定機会という。

$\mathbf{x}\mathbf{S}^\mathsf{T} < 0$ かつ $\mathbf{D}^\mathsf{T}\mathbf{x} \geq 0$ ：無現時点における負の投資が将来，非負の収益をもたらすような投資機会を第 2 種の裁定機会という。

こうした裁定ができる市場は効率的市場ではない。いま，完備市場（complete market）について状態価格 ψ_i が一意的に存在し，すべての状態に対する純粋証

---

3)　より厳密には，ブラウン運動は正規分布を前提にしているが，ウィーナー過程はマルチンゲールを想定している。

券（アロー・ドブリュー証券）を1枚もっている市場を考えよう。そのとき裁定機会が存在しないことは，次に満たす ψ（>0）が存在することである[4]。

$$S = D\psi \tag{4.9}$$

ψ：状態価格（state price）を表わすの列ベクトル ψ（k,1）（>0）

もし ψ_i が存在したとしても，一般的には一意的とは限らない。$S = D\psi$ の自由度は k で rank は(D)である[5]。よって任意の i について ψ_i は一意的となるのは k=rank(D)（特に $n \geq k$）のときである。状態価格 ψ_i が存在するとき価格は一義的に決まり無裁定市場となる。以下，簡単な事例を示す。

$$\begin{pmatrix} 1 \\ 100 \end{pmatrix} = \begin{pmatrix} 1.05 & 1.05 \\ 80 & 120 \end{pmatrix} \begin{pmatrix} \psi_1 \\ \psi_2 \end{pmatrix}$$

$$1 = 1.05\psi_1 + 1.05\psi_2 \qquad 100 = 80\psi_1 + 120\psi_2$$

これを解くと $\psi_1 = 0.3571$　$\psi_2 = 0.5952$ である。

2　効用関数

効用関数は証券理論の基礎であり，これのみで議論されることは少ないが効率的市場仮説の重要な一部である。これは新古典派，フィッシャーの必須理論でもある。この効用関数は確率を含むためケインズは否定的である。

(1)　効用関数と富

同じ資産の所有Wについての効用Uは，まず，資産所有量，ここでは富みと言い換えよう。その富みが大きいほど効用が増すが，逓減する。

$$U = U(W) \qquad U'(W) > 0, \qquad U''(W) < 0 \tag{4.10}$$

---

4) 厳密には浦谷規[2005] 40-42 頁参照。
5) 階数（rank）とは行列の1次独立な列ベクトルの最大数をいう。

このとき は（フォン）ノイマン・モルゲンステルン [1949] の効用関数といい，その効用曲線は【図表4-2】のようになる。

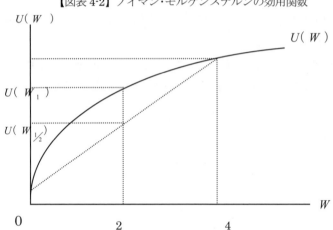

【図表4-2】ノイマン・モルゲンステルンの効用関数

(2) 効用関数の種類

証券のような投資はリスクがあり，貯蓄はリスクがない。このことを念頭に【図表4-3】のような事例から効用関数の型を区分しよう[6]。（フォン）ノイマン・モルゲンステルン効用関数を用いて，以下のように分類できる。

リスク回避（risk aversion）型 [$U(A)$]

$$(U = U(W) \quad U'(W) > 0, \quad U''(W) < 0)$$
$$U(2) > (1/2)U(0) + (1/2)U(4) \tag{4.11}$$

これは合理的投資家の効用曲線である。

以下，他の型の効用曲線を示す。

---

6) Elton&,Gruber,[1995]pp.210‐230.

第4章 効率性の複合仮説

リスク中立（risk neutral）型［$U(N)$］

（$U'(W) > 0$　$U''(W) = 0$）

$$U(2) = (1/2)U(0) + (1/2)U(4) \tag{4.12}$$

リスク愛好（risk lover）型［$U(L)$］

（$U'(W) > 0$　$U''(W) < 0$）

$$U(2) < (1/2)U(0) + (1/2)U(4) \tag{4.13}$$

【図表4-3】投資と貯蓄の収益

投資		貯蓄	
収益	確率	収益	確率
4	1/2	2	1
0	1/2		

以上, 3つの効用曲線は【図表4-4】の左グラフのように描くことができる。

【図表4-4】3つの効用関数

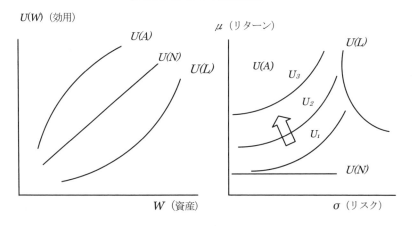

第Ⅰ部　古典的証券理論

(3)　効用曲線の優劣

いま，合理的投資家の効用関数であるリスク回避型［$U(A)$］について，Wを運用すると$U(W)$は$U(\mu,\sigma)$で再表現できる。そこで【図表4-4】の右図からその優先順位を考えると，$U_1<U_2<U_3$であることは明らかであろう。

(4)　効用関数のモデル

アロー・プラットの絶対的危険回避度

アロー・プラット（Arrow-Pratt）は危険回避が個人の嗜好のほか富の大きさに影響を受けることを明らかにした。まず，彼らのリスクの公式を示そう。

　　絶対的危険回避度（ARA）：富が増加に伴う危険資産の変化

　　　$A(W) = -U''(W)/U'(W)$

　　相対的危険回避度（RRA）：富の増加に伴う危険資産の弾力性

　　　$R(W) = -[U''(W)/U'(W)]W = A(W)W$

　また危険回避度の逆数を危険許容度（risk tolerance）という。

HARA 族効用関数

ARA が W に対して線形関係にありかつ危険回避期待効用は双曲線を描く関数を HARA 族効用関数（Hyperbolic Absolute Risk Aversion Function）という。いま，$a=ARA>0$ とすると，以下の3つ型があげられる。

　　① $U(W) = aW - W^2$　（べき乗効用関数）（$a/2>W$）　　　(4.14)

　　② $U(W) = -e^{-aW} = -\exp(-aW)$　（指数効用関数）　　　(4.15)

　　③ $U(W) = a\log(W)$ or $aLn(W)$　（対数関数）（$W>1$）　　　(4.16)

58

第 4 章　効率性の複合仮説

危険回避は経験的に大きな富を持つほどリスクに対して寛大になるであろう。これを富の効果（wealth's effect）という。分析ではこの効果は短期では必要ないので指数効用関数が利用される。なぜなら富の増加に伴う危険資産保有額が一定となるからである[7]。また①べき乗効用関数についてはポートフォリオ理論の効用関数として用いるときには便利である。

3　効率的市場への反論

効率的市場への反論として主として行動ファイナンスの支持者からの理論を紹介する。反論があるからといって効率的市場が理論的に否定されることはない。どのように市場を前提にして証券理論を構築できるかが重要である。効率的市場が均衡理論に結び付くという点からこの仮説に勝る理論は存在しないであろう。

(1)　ボラティリティ・テスト

いまリスク中立型投資家を想定すると安全資産と危険資産の収益率は等しい，すなわち裁定取引の余地のないマルチンゲールの市場を前提に理論的価格デル S_t を考えた。

$$S_t = \left[\sum_{i=1}^{\infty} d_{t+i} \bigg/ (1+r)^i \mid F_t \right] \tag{4.17}$$

S_t: t 期の株価　　　d: 1 株当たり配当　　　F_t: t 期の情報

一方，実際値の配当から $S_t{}^*$ を算出した。彼は長期間（S&P 指数は 100 年以上，DJIA は 50 年以上）の株価と配当の系列の実証結果から Var $S_t{}^*$ ＜ Var S_t を得た。これをシラー（Shiller,R.J.）[1981]のボラティリティ・テスト（Volatility Test）という。これは投資家の配当予測が合理的でないか，割引率が間違っているかの結果であるとして，効率的市場仮説に疑意を投げかけた。このテスト

---

7)　$U'(W) = ae^{-aW}$　　　$U''(W) = -a^2 e^{-aW}$　$A(W) = -U''(W)/U'W = a$

第 I 部　古典的証券理論

をもとにシラーは資本市場の株価は投資家のファション（流行），ファズやバブルに基づいて形成されると主張した。

(2)　アノマリー

さらに効率的市場仮説の実証研究がなされていく中で，証券市場で幾つかのアノマリー（anomaly）が明らかになった。

① 　小型株効果

規模の小さい企業が大きい企業より投資収益率が高い傾向がある。

② 　暦(月，曜日)効果

米国では 1 月が他のつきに比べて高い。日本では 3 月効果がある。週末金曜日の投資収益率は他の曜日より高い傾向がある。

③ 　E/P 効果

低い株価収益率（PER）の銘柄は高い株価収益率（PER）の銘柄よりも投資収益率は高い。

④ 　リバーサルズ(reversals) 効果

過去一定の期間パフォーマンスのよい銘柄は，その後悪く，逆にパフォーマンスが悪い銘柄は，その後良くなる傾向がある。

特に③については当初，低い株価収益率（PER）の銘柄=負け組，高い株価収益率（PER）の銘柄=勝ち組はその後 2〜5 年のパフォーマンスをみると逆転してしまう現象であることをデボンド＆セイラー（De Bondt,W.F.&Thaler,R.H.）[1985]が発見した。

(3)　プロスペクト理論

カネーマン＆トゥベルスキー（Kahneman,D,T.&Tversky,A.）[1979] は投資の効用を次のように考えた。p の確率で x の結果を得る，また，q の確率で y の結果を得る機会をプロスペクト（prospect）という。このプロスペクトの評価関数は以下のとおりである。

$$U(x,p:y,q) = w(p)U(x) + w(q)U(y) \tag{4.18}$$

$v(\cdot)$：評価関数（value function）　　$w(\cdot)$：ウェイト

いま A (利益,確率)を表わすと，心理は以下のようになるとする。

$A_1 = (2000, 0.5)$　　$A_2 = (1000, 1)$　　　　$A_1 < A_2$

$B_1 = (-2000, 0.5)$　$B_2 = (-1000, 1)$　　　　$B_1 > B_2$

以上のように利得に対しては凹型，損失について凸型になる。言い換えれば，利得についてはリスク回避型，損失についてはリスク愛好型となる。

よって，この評価関数は【図表4-5】のように描くことができる。

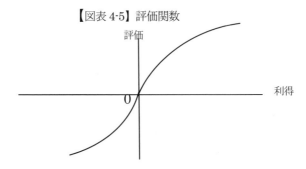

【図表4-5】評価関数

Kahneman,D.,Tversky,A.[1979] p. 79 Figure1.1.

まとめ

改めて効率的市場（仮説）を要約しよう。この要約は次章以降の重要な前提となる。効率的市場（仮説）における株価の振る舞いはランダム・ウォークをする。これを連続型にすると，ブラウン運動をする。ランダム・ウォークは将来の予測株価は現在の株価と同じになるので，マルチンゲールである。また，効率市場では情報が広く伝播されていることから，裁定取引をする余地がない。これを状態価格が存在する一物一価を形成するという。このように効率的市場仮説はいろいろな表現で定義される。この仮定をもとに証券（株式や債券）フ

ァンダメンタルズの価格，ポートフォリオ理論，オプション取引の理論価格が検討される。これらの理論価格はさらに，投資家の合理性を前提とする。その場合，通常，投資家はリスク回避型であるが短期取引または連続型時間の理論価格はリスク中立型の投資が合理的であるとされる。

このように効率的市場仮説とは情報の効率化と投資家の合理的期待との複合仮説から成立しており，【図表4-6】で示したように4つの証券市場の構造に区分できる。そして，本書では第Ⅱ部は効率的市場の証券理論としてファンダメンタルズ，第Ⅲ部は非効率的市場理論としてマーケット・マイクロストラクチャーと行動ファイナンスおよび複雑系（フラクタルやカオス）が展開される。

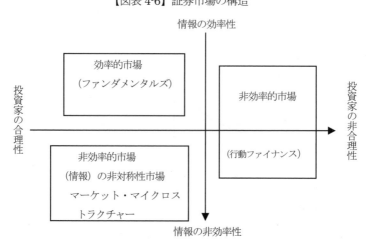

【図表4-6】証券市場の構造

参考文献

Allais,M.[1953]"Le Comportement de L'homme Rational Devant le Rrisque:Critique des postulats et axioms de l'ecole Américane,"*Econometrica* 21,503-546.
Arrow,J.K.[1971]*Eassy in the Theory of Risk-bearing*,Markham,Chicago.
Pratt,J.[1964]"Risk Averison in the Small and in the Large," *Economerica* 32,122-136.

第 4 章　効率性の複合仮説

De Bondt,W.F.M.,Thaler,R.H.[1985]"Does the Stock Market Behavior,"*Journal of finance* 40,793-808.

Elton,J.E ,Gruber,M.J 〔1995〕 *Modern Portfolio Theory and Investment Analysis* 5th ed.,John Wiley&Son, N.J.

Eugene ,E.F. [1963]"Mandelbrot and Stable Paretian Hypothesis",Jounal of Business 36(4), 420 -429 .

Eugene ,E.F. [1965] "The Behavior of Stock Market Price," *Jounal of Business*36(1), 34-105.

Fama,E.F.[1965]"Random Walk in Stock Market Price,"*Financial Analysts Journal,*September —October1965 .

Fama,E.F.[1970] "Efficient Capital Markets, Review of Theory and Empirical Work, " *Journal of Finance* 25(2),383-417.

Fama,E.F.[1991]Efficient Capital Markets Ⅱ,*Journal of Finance*46(5),1575-1617.（小峰みどり監訳 [1992]「効率的資本市場：Ⅱ」『証券アナリストジャーナル』第 7 号 35-83)

Fox,J.[2009]*The Myth of the Rational Market*, HarperBusiness, N.Y.（遠藤真美訳[2010]『合理的市場 という神話』東洋経済新報社)

Friedman,B.M&Laibson,D.I.[1989] "Economic Implications of Extraordinary Movements in Stock Prices, " *Brooking paper on Economic Activity* Vol2,137-189.

Jovanovic,F.[1979] " A nieteenth-centurey random walk: Jules Regnault and the orgins scientific financial economics, " in **Poitras,G.(ed.)[2006]***Pioneers of Fianacial Economics vol*1,191-222 MGP Books.U.K.

Kahneman,D.,Tversky,A.[1979] "Prospect Theory:An Analysis of Decision under Pproduures," *Econometrica* 47,263-291.

Mandelbrot,B.[1963] " The Variation of Certain Speculative Prices,"*Journal of Business*36(4), 394 -419.

Mandelbrot, B. [1966] "Forecasts of Future Prices, Unbiased Markets, and Martingale' Models ," *Journal of Business*39(1)(special),242-255.

Mandelbrot, B. [1967] "The Variation of Other Speculative Prices, "*Journal of Business* 40(4), 393 -413.

Neftci.S.N.[2000]*An Introduction to the Mathematics of Financial Derivatives*, 2nd ed.,ISMA Center, U.K(投資工学研究会訳[2001]『ファイナンスへの数学』朝倉書店)

Pratt,J.[1964]"Risk Averison in the Small and in theLarge," *Economerica*32,122-136.

Regnault,J. [1863] *Calcul des chances et philosophie de la bourse* ,Mallet-Bachelier et Castel, Paris.

Sen.A. [1982]*Choice,Welfare and Measurement*, Blackwell Publisher, Massachusetts （大庭健,川本 隆史訳[1989]『合理的な愚か者』勁草書房)

Shiller,R.J.[1981]"Do Stock Prices Moves Too Much to Be Justified by Subsequent　Changes　in

63

第Ⅰ部　古典的証券理論

Dividends?" *American Economic Review* 71,421-435.

Tobin,,J. [1987]"On the Efficiency of the Financial System," Fred Hirsch Memorial Lecture, *Lloyds Bank Review*, No.153, July, 1-15.

von Neumann,,J., Morgenstern,O.[1947]*The theory of Game and Economic Behavior* 2nd.ed. Princeton University Press,N.J.（武藤滋夫訳,中山幹夫(翻訳協力)[2014]『ゲーム理論と経済行動』60周年記念版，勁草書房)

池田昌幸[2000]『金融経済学の基礎』朝倉書店

浦谷規 [2005]『無裁定理論とマルチンゲール』朝倉書店

釜江廣志[1999]『日本の証券・金融市場の効率性』有斐閣

佐藤猛[2008]『証券市場の基礎理論』税務経理協会

高本茂[1998]「証券の収益力の非正規性と非線形性について」『兵庫大学論集』第3号
http://www013.upp.so-net.ne.jp/sigeru/monograph/ronbun_17.html

依田高典[1997]『不確実性と意思決定の経済学』日本評論社

第Ⅱ部 効率的市場の証券理論

第5章 ファンダメンタルズ

　本章では証券理論のうち個別証券の理論価格付け，一般にはファンダメンタルズと呼ばれている内容をテーマにする。ファンダメンタルズに関する内容はすでに多くの点で合意されている。しかし，その説明体系は確立されていない。本章ではまず，株式について近代証券理論の基礎（前章の効率的市場仮説に現在価値割引を利用する方法）を作ったフィッシャー（Fisher,I.）[1930]を出発点としてドッド＆グラハム（Dodd,D.&Graham,J.）[1934],ウィリアムズ（WilliamsJ.P.）[1938]を通してゴードン（Gordon.M.J.）モデル[1959]さらにミラー＆モディリアーニ（MM：Miller,M.H&.Modiliani,F.）[1958]に引き継がれた理論を整理して説明をする。次に，債券のファンダメンタルズについては基本事項の内容に止めることにする。

1　株式のファンダメンタルズ

　重要な概念は株主資本利益率（ROE）とその時価評価である。短期では利益基準である資本コストについて MM 理論から論じる。長期としてゴードン・モデル（Gordon model）を配当基準から紹介する。また，このモデルと ROE の関係も明らかにする。これらの議論は効率的市場仮説を前提としていることはもちろんである。この前提を取り除いた理論モデルとしてファーマ＆フレンチ(FF)モデルがある。

(1)　利益基準

株主資本利益率
ROE は簿価で株主資本からどれだけの当期利益（税引利後利益）を上げるか

第Ⅱ部　効率的市場の証券理論

という指標である。まず，この指標を説明する前に利益の区分を説明する。【図表 5-1】において，企業の簿価において総資本 $A=$（負債 B+株主資本 E）が得た営業利益 X を税引き前営業利益（EBIT : Earnings Before Interest and Tax）という。EBIT から税金を引いた当期利益 π と負債利息（$B \times r$=借入金×金利）の合計が税引き後営業利益（NOPAT : Net Operation Profit After Tax）である。

よって NOPAT$=B \cdot r + \pi$ である。そこで株主資本利益率（ROE）を示す。

$$\text{ROE} = \pi \, / E \tag{5.1}$$

(5.1)は NOPAT／A=ROA(総資本利益率)を利用して以下のように変形する。

$$\text{ROE}=\text{ROA}+(\text{ROA}-r) \cdot (B \diagup E) \tag{5.2}$$

資本コスト

(5.1)において企業は t 期の経営状況が繰り返される（その他は予想ができないのですべて変数は同じとする，すなわち効率的市場仮説）とすれば，毎期将来にも当期利益 π というキャッシュ・フローが企業に入る。$E(\pi)=\pi$ である。よって，金利を r，将来の不確実性（リスク・プレミアム）を γ とすれば，資本割引率 ρ は $r+\gamma$ となる。

$$V_E = \sum_{t=1}^{\infty} \pi / (1+\rho)^t = \pi/\rho \qquad \rho = \pi/V_E \tag{5.3[1]}$$

(5.3)の ρ を資本コスト(capital cost)という。投資家からみると企業価値を維持するために期待する最低要求投資利益率でもある。時価 ROE でもある。この理論は MM からの発意である。

資本コストの解析

$$S = V_E / n = \sum_{t=1}^{\infty} \text{EPS}/(1+\rho)^t = \text{EPS}/\rho \qquad \text{EPS} = \pi/n \tag{5.4}$$

資本コストが一定（ρ）であれば，株価 S は 1 株当たり利益（EPS）により決

---

1)　無限等比級数であるから，S=初項／（1-公比）の公式に代入すればよい。

定される。また，ρ は長期的な経営努力により小さくなる。

次に株価収益率（PER）を示す。

$$PER=S/EPS= 1/\rho \qquad (5.5)$$

EPS を上げると株価 S は上昇する．すなわち V_E が増加する。これはヴェブレンのいう「暖簾」が大きくなったことを意味する。この結果，【図表5-1】から簿価と時価比較する指標である純資産倍率（PBR）は以下のようになる[2]。これはより厳密に表現するとトービン（Tobin）Q である[3]。

$$PBR=V_E/E=PER\times ROE \qquad (5.6)$$

次に，（5.2）を時価に置き換えよう。時価の ROE は株式資本コスト(投資収益率)ρ_E である。よって

$$\rho_E = \rho+(\rho-\rho_B)\cdot(V_B/V_E) \qquad (5.7)$$

ρ_E：株主資本コスト　ρ：加重平均コスト（WACC：時価の ROA）ρ_B：負債コスト

となる。

他が一定であれば，(5.7)から資本構成（V_B/V_E）を上げると株式投資収益率（ρ_E）が上昇する。これは負債リスクの上昇分を株主リスクに対するリターンとして要求するからである。これはリスク回避型の合理的投資家を前提としているためである。そして（5.7)は以下のように変形できる。

$$WACC(=\rho)=\rho_E\cdot(V_E/V)+\rho_B\cdot(V_B/V) \qquad (5.8)$$

さらに当期利益 π は配当 D と内部留保 B_I に分けられる。

$$\pi = D + B_I \qquad \pi' = EPS = d + b_I \qquad (5.9)$$

b_I:1 株当たり内部留保　　　　d:1 株当たり配当

---

2)　PER（市場の評価）を一定にすれば，ROE を上げると PBR が大きくなる，すなわち，暖簾の評価が大きくなることを意味する。

3)　トービン Q とは株式市場で評価された企業価値を資本の再取得価格で割ったものである。

そこで，この分配率と株価が一切関係ないことが理解できる。この議論に立つとMM理論[1961]の「配当と株価の無関連命題」が成立する。

【図表5-1】企業の評価（簿価と時価）

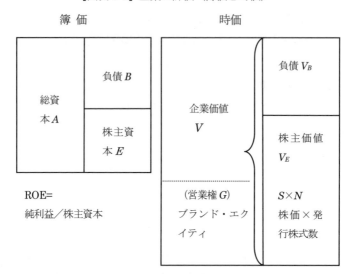

(2) 配当基準

いま，リスク中立の世界を前提に期待収益率を以下のように定義する。

$$E(\mu_{t+1}) = \frac{E(S_{t+1}) - S_t + E(d_{t+1})}{S_t} = r \tag{5.10}$$

S_t：t時点の株価　　d_{t+1}：tと$t+1$の間の1株配当　　r：利子率（一定）

効率的市場仮説をマルチンゲールで表現しよう。

$$E\left[S_{t+1} + d_{t+1} | F_t \right] \equiv (1+r) S_t \tag{5.11}$$

F_t：tにおける情報

第5章　ファンダメンタルズ

このとき以下の関係を得る。

$$S_t = \delta E \left[S_{t+1} + d_{t+1} \right] \quad \delta = \frac{1}{1+r} \tag{5.12}$$

そこで(5.12)は繰り返し期待値の法則（law of iterated expectations : RE）から次式を得る。

$$S_t = E\left[\delta d_{t+1} + \delta^2 d_{t+2} + \delta^3 d_{t+3} + \cdots + \delta^j(S_{t+j} + d_{T+j})\right] \tag{5.13}$$

いま $j \to \infty$ とすれば $\delta^j \to 0$ であり，さらに配当は常に一定と考える。

$$S_t = E \sum_{j=1}^{\infty} \delta^j d \tag{5.14}$$

次に配当が一定率 (g) で成長する定率成長モデル（constant growth model）を考える。なぜなら，(5.9)から $\pi' = EPS = d + b_l$ であるから，

$1 = d/\pi' + b_l/\pi'$ （ 1 ＝配当性向＋内部留保率 b ）とすれば

$$d_1 = (1-b)\pi' = (1+b\varphi)^0 d = d \qquad d_2 = (1+b\varphi)\pi'(1-b) = (1+b\varphi)^1 d$$

$$d_{t+3} = \left\{(1+b\varphi)\pi' + \left[\pi'(1+b\varphi)b\right]\varphi\right\}(1-b) = (1+b\varphi)^2 d$$

$$d_t = (1+b\varphi)^{t-1} d$$

φ ：資本利益率（=ROE）

となる。すなわち，配当成長率 $g = b\varphi$ である。

よって

$$S = \sum_{t=1}^{\infty} \delta^t (1+g)^{t-1} d \tag{5.15}$$

であるので

第Ⅱ部　効率的市場の証券理論

$$S = \frac{1}{r-g}d \tag{5.16}$$

を得る[4]。

(5.16)はゴードン・モデル（Gordon Model）[1962]である[5]。ただし，r の代わりに ρ（資本割引率）を使うこともできる。

(3)　ファーマ&フレンチ・モデル

利益か配当か

株価の決定が利益か配当かについては『手の内の 1 羽は藪の中の 2 羽と同じ価値があるかという論争（the bird-in-the-hand-argument）』の衝突であるともいわれる。見方の相違で無意味な論争であるとの解釈である。そうであろうか。ミラーは MM 理論において株価は期待キャッシュ・フローの利益により決まり，配当は株価に影響を及ぼさないと主張した。これは短期的なファンダメンタルズの考え方である。しかしシラー[1981]は株価のファンダメンタルズからの乖離を証明するために配当ファクターを用いた。なぜなら t 期での利益は以前の利益の内部留保による再投資も含まれるから，ファクターに利益を用いることはダブル計上である。一方，確かに無配の企業については(5.16)は計算できないが企業は長期的には配当するのであろうから，配当ファクターによる株価は計算可能であり，より適切であるとする。またシラーは米国 S&P500 のデータに基づく実証研究から現実の株価の成長率は利益よりも配当ファクターがより適合することを析出した。これは長期的なファンダメンタルズの考え方である。

---

4)　連続式で表せば $\ln S_t = \alpha + \ln D_t$ 　　$\alpha = \ln\{1/(r-g)\}$

5)　合理的価値公式（Rational Valuation Formula）とも呼ばれる。
（Cuthbertson&Nitzsche[2004]p.247）

ファクター・モデル

ファーマ＆フレンチ（FF：Fama,E.F.,French,K,R.）[1988][6] は配当や利益
ではなく，新たなファクター・モデルを提案した。以下，代表的なアノマリー
を含めた FF モデル[1993,1996]の 3 ファクター・モデルを示す。

$$\mu_i - r_f = \alpha_i + b_i\left[(\mu_M) - r_f\right] + s_i\mu_{SMB} + h_i\mu_{HML} + \varepsilon_i \tag{5.17}$$

μ_i：株式の収益率　　r_f：無リスク利子率　　$\mu_M - r_f$：市場のリスクプレミ
アム　μ_{SMB}：（小型株－大型株）の収益率差額　μ_{HML}：（バリュー株－グロー
ス株）の収益率差額

FF [1996] モデルは定数項 α_i を除いた第 1 項の CAPM（パッシブ運用）で
ポートフォリオの均衡価格（第 6 章を参照），第 2 項は規模によるポートフォリ
オの収益率差と第 3 項の低い E/V_E と高い E/V_E の収益率差からなる[7]。

2　債券のファンダメンタルズ

債券のファンダメンタルズについて説明する。まず，利回り（イールド）と
債券価格と利回りの関係を示すデュレーション（実質的な投資資金回収期間で
もある）が重要である。離散型でその概念を整理する。このデュレーションは
債券の価値分析には非常に有用であるが，その算出が最終利回りで計算される
から，すべての期間において同じ割引率(最終利回り)が用いられるという非現

---

6)　長期リターンの分散のうち，配当／株価の説明要素の役割が増加したとする(Fama
　　& French[1988])

7)　この実証モデルは格好の研究対象となった。以下，本多[2013]の例を示す。ただし
　　MR$=\mu_M$, RF$=r_f$ である。

日米における FF3 ファクターの月次超過リターン(%)

	米国			日本		
	平均	標準偏差	t値	平均	標準偏差	t値
MR	0.97	4.52	3.97	0.17	5.69	0.52
MR-RF	0.43	4.54	1.76	-0.07	5.69	-0.25
SMB	0.27	2.89	1.73	0.03	3.71	0.15
HML	0.4	2.54	2.91	0.67	3.01	3.89

米国：（期間 1963.7 - 1991.12）　出典：Fama and French [7] Table 2 より）
日本：（期間 1986.1-2011.9）　出典：本多[2013]59 頁。

第Ⅱ部 効率的市場の証券理論

実的な前提から成り立っている。これをより現実的に近づけるために、「利子の
期間構造」の理論が必要となる。最後に格付けの分析について説明をする。

(1) 利回り（イールド）

利回り（イールド）とは

債券（社債）は借入金なので経営者は L（発行総額=額面×額面券数）と C（支
払利息）、T（償還期間）を定め、償還期間まで額面 X に対して一定の支払い利
息を利札（クーポン）で支払う利付債か、額面以下で発行してその差額を償還期
にまとめて支払う割引債かを決める必要がある。その他にも財務の特約条項や
満期前に償還できるコール条項等もあるが、ここでは、これらの条項は考慮外
とする。いま債券価格 B は額面 100 として償還価格を X として説明する。

$$B = \sum_{t=1}^{T} \left[C_t / (1+r)^t \right] + \left[X_T / (1+r)^T \right] \tag{5.18}$$

(5.18) において r を利回り（イールド：yield）という。上記式は満期まで
のリターンを表しているので最終利回り（yield to maturity）であり、最も一般
的な利回りである。債券発行後に債券を購入すれば、既に債券価格が存在するの
で最終利回りが計算できる。

下記式のような最終の単純利回り（単利）も一般的に用いられる。

$$r = \left[C + \{ (X-B)/T \} \right] / B \tag{5.19}$$

次に割引債の価格は同様な条件において、以下のようにして求められる。

$$B = X / (1+r)^T \tag{5.20}$$

(2) デュレーション

(5.18) を $(1+r)$ で微分しよう。ただし、$d(1+r)=dr$ とする。

$$\frac{dB}{d(1+r)} = -\frac{1}{1+r} \times D_{mac} \times B \rightarrow \frac{dB}{B} = -\frac{dr}{1+r} D_{mac} \tag{5.21}$$

$$D_{mac} = \frac{\sum_{t=1}^{T} \frac{tC}{(1+r)^t} + \frac{TX}{(1+r)^T}}{B} = \frac{\frac{C}{(1+r)}}{B} \times 1 + \frac{\frac{C}{(1+r)^2}}{B} \times 2 + \cdots\cdots + \frac{\frac{C+X}{(1+r)^T}}{B} \times T$$

(5.21)で示したよう価格の変化 dB/B は利回りの変化 $dr/(1+r)$ がマーコレー（Macaulay）[1938]のデュレーション D_{mac} によって結ばれている。また D_{mac} は各キャッシュ・フロー(利息と元金)を得られる年数ごとに加重平均している。これにより債券の平均回収期間も求めることができる。

(3) 利子の期間構造

期間構造理論

イルードの将来変化についての理論化が利子の期間構造（term structure of interest rate）である。まず代表的な「純粋期待仮説（pure expectation hypothesis）」から説明する。まず3年後償還の利付債券を考える。

$$B = \frac{C}{(1+{}_0r_1)} + \frac{C}{(1+{}_0r_1)(1+{}_1r_2)} + \frac{C+X}{(1+{}_0r_1)(1+{}_1r_2)(1+{}_2r_3)} \tag{5.22}$$

${}_1r_2$ ：1年目から2年目の間の利子率(確率変数)

そこで ${}_1r_2$ は実際は存在しないポット・レートであるので，2年で満期になる割引債の年率利回り（スポット・レート）を ${}_0r_2$ として，1年で満期になる割引債の年率利回り（スポット・レート）を ${}_0r_1$ として，1年から2年目の利回りをフォワード・レートとして ${}_1f_2$ とすれば，以下の式が成立する。

$$(1+{}_0r_2)^2 = (1+{}_0r_1)(1+{}_1f_2) \tag{5.23}$$

よって ${}_1f_2 = {}_1r_2$ を一般式に直すと ${}_if_{i+j} = {}_ir_{i+j}$ である。

(4) 格付けの推移行列

債券については格付け（rating）が重要な役割をする。そこで実際の格付機

第Ⅱ部　効率的市場の証券理論

関が行った格付け変化について【図表 5-2】の格付け推移行列（推移確率）から
みてみよう[8]。BB 以下の非投資適格に移行する企業が AAA（元本返済に最も安
全性が高い）ではほとんどないことがわかる。その安全性が下がると次第に起
債の不適格に移行して，最終的にはでデフォルト（元本返済不能）になる可能
性が高くなる。また，各レイティングについてはそれぞれ＋と−，または AA1，
AA2 のように細分化されている。これらのランクをノッチという。

　なお，格付け機関については，同じ対象でも格差が生じるスプリット・レイ
ティング問題や迅速性等の問題が存在している。

【図表 5-2】格付け推移行列（単位　%）（グローバルベース平均 1 年の推移）

(%)	AAA	AA	A	BBB	BB	B	CCC/C	D	.N.R.
AAA	87.44	7.37	0.46	0.09	0.06	0.00	0.00	0.00	4.59
AA	0.6	86.65	7.78	0.58	0.06	0.11	0.02	0.01	4.21
A	0.05	2.05	86.96	5.50	0.43	0.16	0.03	0.04	4.79
BBB	0.02	0.21	3.85	84.13	4.39	0.77	0.19	0.29	6.14
BB	0.04	0.08	0.33	5.27	75.73	7.36	0.94	1.20	9.06
B	0	0.07	0.2	0.28	5.21	72.95	4.23	5.71	11.36
CCC/C	0.08	0	0.31	0.39	1.31	9.76	46.83	28.83	12.56

資料：S&P Quarterly Default Update & Rating Transitions

まとめ

　本章において効率的市場を前提として個別の株式と債券のプライシングを説
明した。ケインズは証券投資の中で有力な個別銘柄の選択による運用を推奨し
ている。米国投資家のバフェット（Buffett,W.E.）もこの運用方法に同意する[9]。
その意味で今なお，個別銘柄の指標は証券市場で重要な役割を担っている。

　2014 年，「投資者にとって投資魅力の高い会社」で構成される新しい株価指

---

8)　「推移確率行列の n 乗」Pn と「n 回の遷移の確率」P(n)が対応する。すなわち P(n)=Pn
　　である。P(m)が分かれば n+m 時刻分の遷移の様子 P(n+m)もわかる。
9)　Hagstrom[1999]を参照。

76

数（JPX日経インデックス400）採用要件ではROEが重視されている。また同年8月，伊藤レポート「持続的成長への競争力とインセンティブ～企業と投資家の望ましい関係構築～」プロジェクト報告書（経済産業省）が発表された。この中でも資本コスト（株主投資収益率）を上回ることを前提にして，ROE8％以上の目標値が提唱されている。こうしたROEの重視傾向はゴードン・モデルや暖簾の評価と非常に関連性があるので理解できる。しかしROEの成長率（伸び率）が最も重要なのである。この意味でROEを単に高く維持することが証券理論の視点ではどれほど意味があるか明快な回答は難しい。

　なお，1980年代，機関投資家が証券市場の台頭により個別証券より，それらの組み合わせたポートフォリオ理論も重要な潮流となった。次章ではこのポートフォリオ理論を展開する。

［付 録］ 連続型時間の収益率

連続複式利子率（金利 e）

$$\lim_{n \to \infty} \left(1 + \frac{r}{n}\right)^n \qquad \frac{n}{r} = x \qquad \left[\lim_{x \to \infty}\left(1 + \frac{1}{x}\right)^x\right]^r = e^r$$

$$B = A \times (1 + r)^n \approx Ae^{nr} \quad \text{（離散型の複利と連続型の複利）}$$

連続型収益率（log）

$x = e^y$ は $y = \log_e x = \mathrm{Ln}\, x$ である。

$$\frac{S_t - S_{t-1}}{S_{t-1}} = r' \qquad\qquad (1 + r') \approx e^{r'}$$

$$r' = \mathrm{Ln}(1 + r') = \mathrm{Ln}\left(1 + \frac{S_t - S_{t-1}}{S_{t-1}} = \frac{S_t}{S_{t-1}}\right) = \mathrm{Ln}\,S_t - \mathrm{Ln}\,S_{t-1}$$

第Ⅱ部　効率的市場の証券理論

参考文献

Crouhy,M,Galai,D,Mark,R.K.[2001]*Risk Management,*McGrow-Hill,N.Y.（三浦良造代表訳[2004]『リスクマネジメント』共立出版）

Cuthbertson,K.&Nitzsche,D.[2004]*Quantitative Financial Economics,* John Wiley& Sons,N.J.

Elton,J.E,Gruber,M.J.[1995]*Modern Portfolio Theory and Investment Analysis* 5th ed., Wiley& Son.N.J.

Fabozzi,F.,Fabozzi,T.D.ed.[1997]*The Handbook of Fixed Income Securities,*5th ed., Irwin, Chicago.

Fama,E.F.&French, K.R.[1988]"Dividend Yields and Expected Stock Returns," *Journal of Financial Economics* 22(1), 3-25.

Fama,E.F.,French,K.R.[1993] " Common Risk Factors in the Returns in the Stocks and Bonds, " *Journal of Financial Economics* 33(1),3-56.

Fama,E.F& French,K.R.[1996]Multifactor Explanations of Asset Pricing Anomalies, *Journal of Finance*47,426-465.

Gordon,M.J.[1962]*The Investment, Financing and Valuation of the Corporation,* Irwin, Chicago.

Hagstrom,R.G.[2013] *The Warren Buffett Way,*3th ed., Wiley&Son,N.J.（小野一郎訳[2014]『バフェットの法則』（最新版）ダイヤモンド社）

Higgins, R.C.[2015] *Analysis For Financial Management,* 10th ed., Irwin/McGraw-Hill,N.Y.（グロービス経営大学院訳[2015]『ファイナンシャル・マネジメント－企業財務の理論と実践』（改訂3版）ダイヤモンド社）

Macaulay,F.[1938]*Some Theoretical Problems Suggested by the movement of Interest Rates,Bond Yields, and Stock Prices since1856,*National Bureau of Economic Research.N.Y.

Miller,M.H&.Modiliani,F. [1958]"The Cost of Capital,Corporation Finance and the Theory of Investment,"*American Economic Review*48, 261-297.

Miller,M.H.&Modigliani,F.[1961]"Dividend Ploicy,Growth,and the valuation of Shares," *Journal of Business* 34,411-433.

Shiller,R.J.[1981]"Do Stock Prices Moves Too Much to Be Justified by Subsequent　Changes in Dividends ?" *American Economic Review* 71,421-435.

小宮隆太郎,岩田規久男[1973]『企業金融の理論』日本経済新聞社

佐藤猛[2008]『証券市場の基礎理論』税務経理協会

本多俊毅[2013]「リスクとリターン」『フィナンシャル・レビュー』平成25年第3号（通巻第114号）54-76　財務総合政策研究所

森平爽一郎,墨田和人[2001]「格付け推移行列のファクター・モデル」『金融研究』第20巻第2号13-52　日本銀行金融研究所

諸井勝之助[1976]『経営財務講義』東京大学出版社

吉田武[2010]『オイラーの贈物—人類の至宝 $e^{i\pi}$=-1 を学ぶ』（新装版）東海大学出版会

78

第6章　ポートフォリオ

　機関投資家（生保，投資信託）のファンド・マネジャー（基金運用者）は委託された多額の資金を証券運用する場合，どのような投資行動をとるであろうか。このファンド・マネジャーは資金の委託者の運用エージェントであるので，資金の委託者の期待効用を極大化する。証券は過去のデータから将来のリスク（標準偏差）とリターン（期待投資収益率）で計測でき，同様に効用もリスク・リターンにより計測できる。マーコビッツ（Markowitz.M.H.）[1959]は多額の資金を証券運用する場合，いろいろな証券を組み合せる選択をポートフォリオ・セレクションとしてその有用性を展開した。本章ではポートフォリオ理論を現代的ツールに基づいて簡潔にかつ精緻に説明をする。そして効率的市場仮説に沿った均衡理論から個別の証券と市場ポートフォリオの関係から資本資産価格モデル（CAPM : Capital Asset Pricing Model）を導出する。さらに，こうしたポートフォリオによる運用成果の評価方法を示す。

1　基本ポートフォリオ

ポートフォリオ理論の前提は効率的市場仮説である。
① 投資家（ファンド・マネジャー）は期待効用の極大化を求める。
② すべての資産は無限に分割可能である。
③ 資産は空売りできない。
④ 市場には摩擦（税金・取引コスト，情報の非対称性）がない。
⑤ 1期間の投資である。
　そのうえで，証券をリスク＆リータンから証券を組み合わせる。この基準はリスク回避型投資家の期待効用の極大化であって，収益の極大化ではない。

第Ⅱ部　効率的市場の証券理論

(1)　リスクとリターン

いまリスク資産の個別株式Ａのリターン（期待投資収益率）とリスク（標準偏差）の基本公式は以下のとおりである。ただし，効率的市場では期待投資収益率は過去の平均投資収益率から求められる（$E(\mu_A) = \bar{\mu}_A$）。また株価のデータ数（時系列）は n（期）とするので各期の確率度数は $1/n$ である。

$$E(\mu_A) = \sum_{j=1}^{n} \frac{\mu_{Aj}}{n} = \bar{\mu}_A \tag{6.1}$$

$$Var(\mu_A)\,(\text{分散}) = \sigma_A^2 = \sum_{j=1}^{n} \frac{(\mu_{Aj} - \bar{\mu}_A)^2}{n} \tag{6.2}$$

$$\sqrt{Var(\mu_A)} = \sigma(\mu_A)\,(\text{標準偏差}) = \sigma_A$$

(2)　ポートフォリオ

2銘柄（相関係数 ρ_{AB}：　Ａ株式とＢ株式の関係）[1]

$$\rho_{AB} = \sum \left[\mu_{Aj} - E(\mu_A) \right]\left[\mu_{Bj} - E(\mu_B) \right] \Big/ \sqrt{\sum \left[\mu_{Aj} - E(\mu_A) \right]^2 \sum \left[\mu_{Bj} - E(\mu_B) \right]^2} \tag{6.3}$$

ρ_{AB}（相関係数）$= \sigma_{AB} / \left[\sigma_A\,(\text{Ａ株式の標準偏差})\times\sigma_B\,(\text{Ｂ株式の標準偏差}) \right]$

σ_{AB}（共分散）$= \rho_{AB}\sigma_A\sigma_B$（＝相関係数×Ａ株式の標準偏差×Ｂ株式の標準偏差）

よって，ポートフォリオの期待投資収益率 $E(\mu_P)$ と　標準偏差 σ_P は以下のように表わすことができる。

$$E(\mu_p) = x_A \mu_A + x_B \mu_B \tag{6.4}$$

---

1)　$\cos\theta$ を想起すれば理解しやすい。

第6章 ポートフォリオ

$$\sigma^2{}_p = E\left[\mu_p - \overline{\mu}_p\right]^2 = E\left[x_A(\mu_A - \overline{\mu}_A) + x_B(\mu_B - \overline{\mu}_B)\right]^2$$
$$= \left[x_A^2 E(\mu_A - \overline{\mu}_A)^2 + x_B^2 E(\mu_B - \overline{\mu}_B)^2 + 2x_A x_B E\left[(\mu_A - \overline{\mu}_A)(\mu_B - \overline{\mu}_B)\right]\right]$$

$$\sigma^2{}_P = (x_A \sigma_A)^2 + (x_B \sigma_B)^2 + 2 x_A \rho_{AB} \sigma_A x_B \sigma_B \qquad (6.5)$$
$$= (x_A \sigma_A)^2 + (x_B \sigma_B)^2 + 2 x_A x_B \sigma_{AB}$$

2 証券のポートフォリオの計算

いま、2銘柄のデータが与えられると、(6.4)と(6.5)を用いて比率ごとに計算するとポートフォリオのリターンとリスクは【図表6-1】のようになる。

【図表6-1】2銘柄ポートフォリオのリターンとリスク (単位%)

	A	B	共分散Covar	A	B
平均収益率E ($\dot{\mu}$)	1.7	0.5	A	164.3	14.2
標準偏差σ ($\dot{\mu}$)	12.8	7.4	B	14.2	54.7

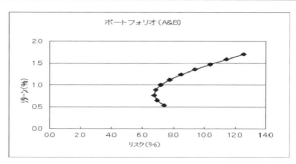

AとBの50%のポートフォリオ の実際の計算を示す。

リターン (μ_P)=1.7×0.5+0.5×0.5=1.1%

リスク (σ_P)=(0.5×12.8)²+(0.5×7.4)²+2×0.5×0.5×14.2 =(61.9)^(1/2)=7.9%

n 証券

n 個の証券のポートフォリオは以下の算式で求めることができる。

$$\sum x_i = 1 \quad (x_i : 組み入れ比率)$$

$$E(u_p) = \sum x_i \mu \quad \sigma_P = \sqrt{(\sum \sum x_i x_j \sigma_{ij})} \tag{6.6}$$

2銘柄のポートフォリオの曲線から n 銘柄のポートフォリオの効率的（または有効）フロンティア（Efficient Frontier）は【図表6-2】の太字のように描くことができる。その時，【図表6-2】から効用曲線（リスク回避型）は銘柄数が多くなると上昇することがわかる。

【図表6-2】効用曲線とn証券のポートフォリオ

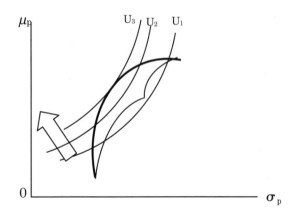

(3) 最適ポートフォリオ

この効率的フロンティアはラグランジェの解は（6.6）から $\max(\mu_p)$ または $\max(\sigma_p)$ による2次計画問題となる。実際はコンピューターに委ねなければならない。以下，ポートフォリオにおける各（要求）収益率において，最小分散と

する最適化問題を例示する。

$$\min(\mathbf{x}\mathbf{V}\mathbf{x}^T) = \sigma_P^2 \quad \text{s.t.} \quad \boldsymbol{\mu}\mathbf{x}^T = \mu_p \tag{6.7}$$

$\mathbf{V}$：共分散行列　$\boldsymbol{\mu}=(\mu_1\ \mu_2\ \cdots\ \mu_n)$　$\mathbf{x}=(x_1\ x_2\ \cdots\ x_n)$　$\mathbf{x}^T$：転置行列

【図表6-3】は投資家の効用が一義的であっても，効用が投資家それぞれに異なっても，いかなる金利r_fがすべて等しい市場では，リスク資産の効率的ポートフォリオと金利と結んだ接点Mを通るT線は，すべての投資家がリスク資産Tと預金または借入れの最適な組合せを示している。すなわち，投資家の効用とは無関係に最適投資が決定されることを「ポートフォリオの分離定理（Portfolio Separation Theorem）」という。

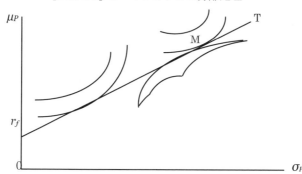

【図表6-3】ポートフォリオの分離定理

2　資本市場の均衡

本節は各自で行う最適ポートフォリオは市場全体にも適用できる。このとき市場は均衡する。この理論を資本市場線（CML）と資本資産価格モデル（CAPM）から説明をする。

(1) 資本市場線

各投資家が上のポートフォリオ理論に沿って投資行動を行った場合，市場はどのようになるのであろうか。そこで，ポートフォリオ理論の前提①から⑤のほかに⑥を加える。

⑥ 投資家は資産の投資収益率について同一の予想を有する（同質的期待仮説）

【図表6-4】は資本市場全体のあらゆる投資家がそれぞれ最適なポートフォリオを選択すれば，リスク資産のポートフォリオはM*で均衡化する。M*ではリスク資産の需給が一致しているから，市場ポートフォリオであることが理解できる。そうすると，無リスクの金利r_fとM*を結んだ線上はあらゆる投資家が投資に際して行う合理的な投資線であり，これを資本市場線（CML）という。

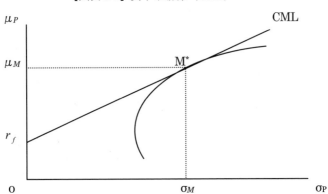

【図表6-4】資本市場線（CML）

CMLは以下のように表現できる。

$$\mu_P = r_f + \left[(\mu_M - r_f)/\sigma_M\right]\sigma_p \quad (6.8)$$

そして$(\mu_M - \mu_f)$は市場ポートフォリオMの超過収益率を示しているから，

市場ポートフォリオのリスク・プレミアムという。$(\mu_M - \mu_f)/\sigma_M$ はリスク1

単位当たりのリスク・プレミアムであるからリスクの市場価格である。

(2) 資本資産評価モデル

　資本市場線を形成する市場ポートフォリオMは個別銘柄とどのような関係を
持っているか。これを明らかにしようとする理論が資本資産評価モデル
（CAPM）である。これは(6.8)において，i 銘柄を投資増加比率 α で偏微分す
ると[2]，市場ポートフォリオ M とそれに含まれる資産 i との関係から(6.9)を求
めることができる。

$$\mu_i = r_f + \beta_i(\mu_M - r_f) \qquad \beta_i = \sigma_{iM}/\sigma_M^2 \tag{6.9}$$

　上記式の CAPM の含意は市場均衡においてリスク資産のリスクは市場ポー
トフォリオとの関係で計測が可能であり，個々のリスク資産の標準偏差とは無
関係となる。すなわち，CAPM はファンダメンタルズによる価値評価やマーコ
ビッツの個別資産よりもマクロ全体の動向をもって価値評価が行われるべきで
あることを主張している。ケインズのマクロ経済について論じた理由もここに
ある。いま，CAPM の前提が市場で成立するならば，β_i＝0.9，μ_M＝10％，
r_f＝2％のとき，i 銘柄の投資収益率は9.2％となる。

(3) 裁定価格理論

　ロール（Roll,R.）[1977] は期待収益率・ベータ関係のテストと同時に CAPM
の有効性に疑問を呈した。そこでアンシステマティック・リスクが無視できる
十分に分散されたポートフォリオの世界において，裁定取引の余地がない，す
なわち無裁定取引（non arbitrage）を前提条件にしてロス（Ross,S.A.）[1976]
は「裁定価格理論（APT：arbitrage　pricing model）」によるマルチ・ファク
ター・モデルを発案した。実際の代表的なファクター・モデルとしてチェン，

---

2) $\mu_P = \alpha\mu_i + (1-\alpha)\mu_M$ とする（佐藤[2008]103-104 頁参照）。

第Ⅱ部　効率的市場の証券理論

ロール&ロス（Chen,N.,Roll,R.&,Ross,S.A.）[1986]モデルを紹介する[3]。

$$\mu_p = \lambda_0 + \lambda_{MP} b_{MP} + \lambda_{DEI} b_{DEI} + \lambda_{UI} b_{UI} + \lambda_{UPR} b_{UPR} + \lambda_{UTS} b_{UTS} \tag{6.10}$$

$$= 4.124 + 13.589\lambda_{MP} - 0.125\lambda_{DEI} - 0.629\lambda_{UI} + 7.205\lambda_{UPR} - 5.211\lambda_{UTS}$$

$$(1.36)\quad\quad(1.26)\quad\quad(-1.64)\quad(-1.98)\quad\quad(2.59)\quad\quad(-1.69)$$

MP：鉱工業生産指数　DEI：期待インフレ率　UI：期待されたインフレ　UPR：社債プレミアム　UTS：長期債券収益率－短期 TB 利子率　（　）：t 値

3　ポートフォリオ運用の応用

(1)　ポートフォリオの評価方法

シャープの測定（Sharpe's Measure），ジャンセンの測定（Jensen's Measure），トレイナーの測定　（Treynor's Measure）の 3 つのポートフォリオの評価方法を示す。

【図表 6-5】3 ポートフォリオのパフォーマンス

証券	平均収益率 (μ)	標準偏差 (σ)	ベータ (β)
ポートフォリオ（A）	13(%)	6(%)	0.75
ポートフォリオ（B）	21	20	1.3
市場ポートフォリオ（M）	15	10	1

無リスク利子率 5%

シャープの測定

$$\theta_S^P = (\mu_p - r_f) / \sigma_p \tag{6.11}$$

A=(13-5)÷6=1.33　　　B=(21-5)÷20=0.8　　　　　　　A＞B

---

3)　期間は 1958 年から 1984 年で，景気指標は一致指標を用いている。この解説は Lecture 7:Multifactor Model in Practice（Kellogg northwestern.edu/faculty）を参照。

ジャンセンの測定

$$\theta_J^P = \mu_p - \{r_f + (\mu_M - r_f)\beta_P\} \quad (6.12)$$

A＝13－[5+(15－5)×0.75] ==0.5%　　B=21-[5+(15―5)×1.3]＝3％

　　A＜B　　（超過部分をジャンセンの α という）

トレイナーの測定

$$\theta_T^P = (\mu_p - r_f)/\beta_p \quad (6.13)$$

A＝(13－5)÷ 0.75 ＝10.6　B＝(21－5)÷1.3＝12.3　　　A＜B

(2) ポートフォリオ・マネジメント

【図表6-6】ポートフォリオ・マネジメント

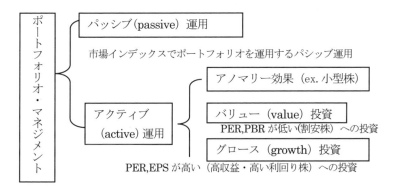

(3) イベント・スタディ

累積異常収益率（CAR）

この市場の効率性を検証する代表的な方法は株価に影響するある出来事（イ

第Ⅱ部　効率的市場の証券理論

ベント）のニュースを与えて株価の反応をみることである。これをイベント・スタディという。i銘柄の株式収益率μ_iとμ_M（市場全体の収益率）の関係を時系列データ（イベントに関係しない通常な期間）から推計することから始める。その推定式は以下のとおりである。$\hat{\alpha}$, $\hat{\beta}$ の回帰式を推計する。その推定値は

$$\hat{\mu}_i = \hat{\alpha} + \hat{\beta} \mu_M \tag{6.14}$$

$\hat{\alpha}$：市場全体の収益率がゼロのときの収益率の推定値

$\hat{\beta}$：市場全体の収益率に対する感応度の推定値

となる。

　そこで上記式からイベント発生時を含む一定の期間の影響については実際値と推定値の差額U_{it}はイベントにかかるアブノーマル・リターン（abnormal return）から計測する。

$$U_{it} = \mu_{it} - \hat{\mu}_{it} \tag{6.15}$$

　そして情報の価格への伝播の程度については一定期間を累積した累積異常収益率（CAR）から，【図表6-7】のようにイベントが与えた市場の影響を計測できる[4]。

顕著な事例（財務戦略）

　CARの顕著な事例として，①配当，②株式分割，③自己株式取得，④コーポレート・ガバナンスの差，⑤増資，⑥買収&合併（M&A），⑦上場のための公募（IPO），等が挙げられる。これら主な原因は非効率的市場に原因を求めることができる。

---

4)　当初，CARは市場の効率性テストの計測に利用された。例えば，株式分割のニュースが市場に効率的に伝播しているか否かという問題意識である（Fama,Fisher, Jensen&Richard[1969]を参照）。

【図表 6-7】CAR の事例

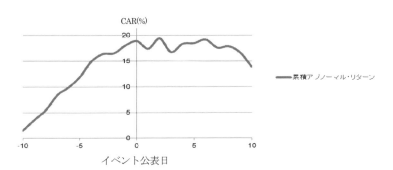

(4) ポートフォリオと MM 理論

ミラー&モディリアーニ[1958]による MM 理論の資本構成をリスク&リターンのポートフォリオで組成すると【図表 6-8】のようになる。

投資収益率は $\mu_E=\mu_f+(\mu-\mu_f)(V_B/V_E)$ であるが，MM 理論（第 2 命題）の σ_E が付与とすれば，投資収益率である株主リターンはレバレッジ(V_B/V_E)に比例することになり【図表 6-9】のようにリスクを分解できる。また投資家の投資収益率は経営学上，経営者の資本コスト $\mu=\rho$（＝WACC）である。さらに短期均衡のとき企業の資本構成は変わらず，μ_E は CAPM から計算できる。

【図表 6-8】MM 理論とポートフォリオ

$V\left[\mu_E(V_E/V)+r_f(V_B/V),\sigma_E(V_E/V)\right]$	$V_B\left(r_f,0\right)$
	$V_E\left(\mu_E,\sigma_E\right)$

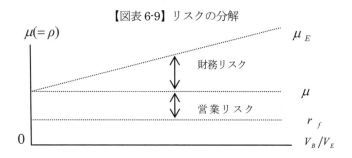

【図表6-9】リスクの分解

まとめ

　本章のポートフォリオ理論の展開は以下のとおりであった。リスク資産の2証券のポートフォリオ、そして n 証券のポートフォリオに順次、証券数を増加していく。続いてリスク資産に無リスク資産との組み合わせの最適ポートフォリオを作成する。この帰着として投資家の効用とは無関係に最適投資が決定されるとポートフォリオのトービン[1958]がいう2ファンド分離定理が導出できて、均衡化へ導く。特に、リスク資産として市場ポートフォリオを持つ最適ポートフォリオは個別の証券との関係は資本資産価格モデル（CAPM）で表わすことができる。すなわち、ポートフォリオ理論の最終的成果はCAPMと2ファンド分離定理である。

[付　録] 行列式とソルバー

エクセル計算（3銘柄）[5]

ポートフォリオ平均収益率 $(\boldsymbol{\mu x}^T = \mu_p)$ =MMULT($[\mu_1 : \mu_3]$, TRANSPOSE$[x_1 : x_3]$)

ポートフォリオ分散 $(\mathbf{xVx}^T = \sigma_P^2)$ =MMULT{(MMULT$[x_1 : x_3]$, $[\sigma_{11} : \sigma_{33}]$), TRANSPOSE$[x_1 : x_3]$}

---

5) エクセル（EXCEL）はMicrosoft社の登録商標である。

第 6 章 ポートフォリオ

エクセル（ソルバー）によるポートフォオ作成

【図表　付録6-1】銘柄の月間投資収益率（データ）

	A	B	C		A	B	C
2014年1月				2015年1月	-5.3	22.1	-3.1
2014年2月	1.3	-0.2	-0.8	2015年2月	-6.4	-6.9	-29.6
2014年3月	10.6	8.7	3.3	2015年3月	22.3	3.3	6.7
2014年4月	-1.2	-2.1	10.8	2015年4月	0	-1.2	12.7
2014年5月	-4.7	-6.2	3.9	2015年5月	-8.9	5.5	-28.3
2014年6月	18.6	6.6	12	2015年6月	-1.2	4.4	-6.9
2014年7月	5.5	2.4	11.5	2015年7月	-3.9	-8.5	-17.1
2014年8月	-20	-11.5	20.6	2015年8月	0	-7.1	-6.8
2014年9月	5	-0.5	17.3	2015年9月	-8	4.7	-8.3
2014年10月	6.5	-6.1	2.1	2015年10月	2.1	0.8	13.1
2014年11月	-4.2	-9	73.8	2015年11月	-9.4	9.8	14.1
2014年12月	43.1	0.1	-2.4	2015年12月	-2.5	3.1	4.4

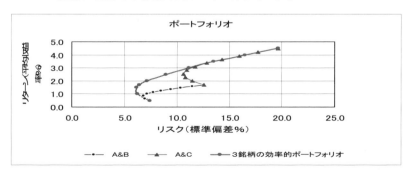

【図表　付録6-2】ソルバーによる効率的ポートフォリオ計算

【図表　付録6-3】効率的ポートフォリオのグラフ

91

第Ⅱ部 効率的市場の証券理論

参考文献

Benninga,S.[2000]_Financial Modeling,_MIT Prsss. Cambridge. MA. (ファイナンシャル・モデリング研究会訳[2005]『ファイナンシャル・モデリング』清文社)

Chen,N.,Roll,R.,Ross,S.A.[1986]"Economic Forces and Stock Market,"_Journal of Business_ 59, 282-403.

Constantinides,G.M,Malliaris,A.G.[1995]_Portfolio Theory,_ in R.,A.Jarrow. et al.(1steds)_Finance,_ Chp.1,North-Holland (今野浩,古川浩一監訳[1997]『ファイナンス』第1章, 朝倉書店)

Fama,E.F.,Fisher,L.,Jensen,M.C.,Richard,R.[1969]"The Adjustment of Stock Price to New Information,"_International Economic Review_ 10,1-21.

Hull,J.C.[2007]_Risk Management and Financial Institutions,_2nd. ed.,Prentice-Hall, Boston . (竹谷仁宏訳[2008]『フィナンシャルリスク・マネジメント』(第1版) ピアソン・エデュケーション)

Jensen,M.[1968]"Risk, the Pricing of Capital Assets, and the Evaluation of Investment Portoflios" _Journal of Business_ 42,167-247.

Luenberger,D.G.[1998]_Investment Science,_ Oxford University Press, N.Y. (今野浩,鈴木賢一, 枇々木規雄訳[2002]『金融工学入門』(第2版) 2015年 日本経済新聞社)

Markowitz,H.M.[1959]_Portfolio Selection:Efficient Diversification of Investments,_ Wiley&Sons,N.J. (鈴木雪夫監訳[1969]『ポートフォリオ選択論—効率的分散投資法—』東洋経済新報社)

Miller,M.H., Modiliani,F. [1958]"The Cost of Caital,Corporation Finance and the Theory of Investment,"_American Economic Review_ 48,261-297.

Mossin,J. [1966] "Equilibrium in a Capital Asset Market ,"_Econometrica_ 35,768-783.

Roll,R.[1977]"A Critique of the Assets Pricing theory's Test,"_Journal of Financial Economics_ 4,129 -176.

Sharpe,W.F.[1964]"Capital Asset Prices: A Theory of Market Equilibrium under Conditions of Risk," _Journal of Finance_ 19,425-442.

Sharp,WF.[1966]"Mutual Fund Performance,"_Journal of Business_ 39,119-138 .

Sharpe,W.F.[1970] _Portfolio Theory and Capital Markets,_McGrow-Hill, N.Y.

Sharpe,W.F.[1988]_Investment,_Prentice Hall,Boston. (日本証券アナリスト協会訳[1986]『現代証券投資論』日本証券アナリスト協会)

Tobin,J. [1958] "Liquidity Preference as Behavior Toward Risk," _Review of Economic Studies_ 67, 65-86.

Treynor,J.[1996]"How to Rate Management of Investment Funds,"_Harvard of Business Review_ 43,63-75.

佐藤猛[2008]『証券市場の基礎理論』税務経理協会

諸井勝之助[1976]『経営財務講義』東京大学出版社

第7章　デリバティブ

　本章ではデリバティブとはデリバティブ取引，その価値とその機能の総称であるとして扱う。まず，各デリバティブ取引について各取引内容とそのペイオフ（損益）を説明する。続いて，オプション価値に関してはコックス，ロス＆ルービンスタイン（CRR：Cox,Ross&Rubinstein）型オプション・モデルとブラック＆ショールズ（B-S：Black&Scholes）オプション・モデルから説明する。その際，その相互関係性も明確化する。最後に，デリバティブによる機能（裁定とヘッジ）について説明する。特にポートフォリオ・インシュランスが重要である。

1　デリバティブ取引

(1)　各デリバティブ取引の定義

生　成

　現代のデリバティブ取引の定義をする前に，その生成について要約しておこう。第2次大戦後，世界経済は金・ドル交換性を基礎にして米・ドルを基軸としたブレトンウッズ体制で始まった。その後，敗戦国の日本や西ドイツの経済復興，米国のベトナム戦争の影響から，次第に米ドルの価値は相対的に低下して米ドルを金に交換しようとする動きが強くなった。そこで1971年8月15日ニクソン大統領は金・ドル交換の停止を行い，ついで同年12月スミソニアンの合意で米・ドルが引き下げられた。しかし，固定相場制のもとでの改革では国際通貨不安に対処できず，1973年，世界経済は変動相場制に移行した。この変動相場制度への移行に伴い，企業は新たに外国為替の変動という不確実性が加

93

第Ⅱ部　効率的市場の証券理論

わることとなる。

このような状況下において，シカゴ・マーカンタイル取引所（CME）はフリードマン（Friedman,M.）[1971]を中心とした為替先物取引の可能性について調査依頼をした 。この調査結果を踏まえて，従来の商品先物取引の手法を用いて 1972 年，為替先物取引が開始されることになった。その後，証券市場において機関投資家現象により価格変動が大きくなり，マーコビッツ理論を基礎にした市場ポートフォリオ運用および国債保有への価格変動リスク管理として株価指数や債券の先物取引やオプション取引も開始された。

さて金融先物・オプション取引の経済的な効果について『米国会議報告書 - 先物取引とオプション取引の経済調査』(1984) では次のように述べている。「金融先物市場及びオプション市場は有益な経済目的に貢献しており，経済活動に常に付随するリスク（市場，金利，為替リスク）に対するリスク・ヘッジ機能を果たし，これにより市場に起業や金融機関の指揮参加を促進し，現物市場の流動性を高め，ひいては経済の効率的分配に寄与している。」

定　義

デリバティブ取引とはそのペイオフが原資産（underlying securities）の価値と派生的に結びついている取引であり，先物取引，オプション取引，スワップ取引とがある。

先物取引（Future Trade）とはある商品を将来の一定の期日に今の時点で取り決めた価格で取引することを約束する契約で主として相対取引をいう。

オプション取引(Option Trade)とはある目的物（基礎商品）を一定の期日（権利行使日）に特定の価格（権利行使価格）で買い付ける(コール)，または売り付ける（プット）「権利」の取引である。特に，この値段を「プレミアム」，一定の期日を「権利行使日」，特定の価格を「権利行使価格」，という。

スワップ取引（Swap Trade）とは当事者（カウンターパーティー）間で経済価値が等しいと判断したキャッシュ・フローを一定期間，交換する取引である。

例えば，その取引の対象は通貨や変動・固定金利である。

94

なお，確認のためのオプション取引の図式化は【図表7-1】である。

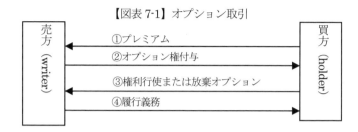

(2) 各デリバティブ取引のペイオフ

先物取引とオプション取引

各デリバティブについて，契約満期の価格 S_T について現在価格 $S_0=\$10$，先物契約価格 F_T または行使価格 $K=\$11$，プレミアム $P=\$1$ のケースを考える。

まず価格 S_T のペイオフを定義に従って，公式を示す。

先物取引

先物取引買いのペイオフ＝ $(S_T - F_T) = S_T - 11$ (7.1)

先物取引売りのペイオフ＝ $(F_T - S_T) = 11 - S_T$ (7.2)

コール・オプション

買いのペイオフ＝ $[S_T - K]^+ - P = [S_T - 11]^+ - 1$ (7.3)

売りのペイオフ＝ $P - [S_T - K]^+ = 1 - [S_T - 11]^+$ (7.4)

プット・オプション

買いのペイオフ＝ $[K - S_T]^+ - P = [11 - S_T]^+ - 1$ (7.5)

売りのペイオフ ＝ $P - [K - S_T]^+ = 1 - [11 - S_T]^+$ (7.6)

(7.1)から(7.6)について，【図表7-2】のようにペイオフ・ダイアグラムを示す。

【図表7-2】デリバティブのペイオフ・ダイアグラム

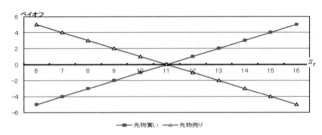

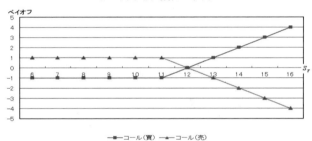

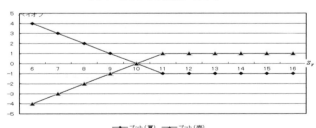

2 オプション・モデル

(1) コックス，ロス&ルービンスタイン・オプション・モデル

コックス，ロス&ルービンスタイン（CRR）[1985]に沿ってオプション・モデルの説明をする。まず，オプションの満期まで権利行使はできないヨーロピアン・コール・オプションの満期日(T)の価値（またはプレミアム）V^C は

$$V^C = \max(S_T - K, 0) = [S_T - K]^+ \tag{7.7}$$

S_T：時刻 T の原資産価格（株価）　　K：行使価格

と表わすことができる。

同様にヨーロピアン・プット・オプションの満期日の価値（またはプレミアム）V^P は以下のとおりである。

$$V^P = \max(K - S_T, 0) = [K - S_T]^+ \tag{7.8}$$

もし 2 項ツリーで上昇率 u，下落率 d として，$0 \sim T$ 期までに上昇する回数を n とすれば，そのコール・オプションの価値は以下のとおりに再表現できる。

$$V^C = \max\left[u^n d^{T-n} S - K, 0\right] \tag{7.9}$$

(7.9)の 2 期間の 2 項モデル(乗法確率過程)のツリーのオプション価値を示す。

【図表 7-3】2 項分布ツリーによるオプション価値

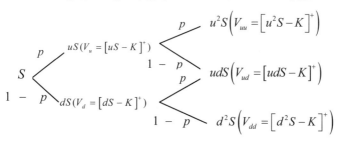

第Ⅱ部　効率的市場の証券理論

次に2項分布の確率過程の一般式である2項分布関数を示す。

$$B(n \mid T, p) = {}_T C_n p^n q^{(T-n)} = \frac{T!}{T!(T-n)!} p^n (1-p)^{(T-n)} \tag{7.10}$$

$B(\cdot)$：2項分布関数　　p：上昇率uの確率　　$q = 1-p$　：下落率dの確率

(7.9)と(7.10)を統合して，金利(r)で割り引くと(7.11)を得る。

$$V^C = \left[\sum_{n=0}^{T} \left(\frac{T!}{n!(T-n)!} \right) p^n (1-p)^{T-n} \max(u^n d^{T-n} S - K, 0) \right] \Big/ (1+r)^T \tag{7.11}$$

いま，上記式でT期後にコール・オプションが　イン・ザ・マネー（株価が行使価格より高い状況）になるために，株価がT期間中に上昇する必要のある回数の最小値をaとする。すなわち，aは$u^a d^{T-a} S > K$となる最小の非負整数と定義できるから，aは$\log(K/Sd^T)\big/\log(u/d)$より大きい最小の非負整数である。

さらに（7.11）を展開すると，コックス，ロス&ルービンスタイン（CRR）型ヨーロピアン・コール・オプション価格となり，その価値は以下のとおりになる。

$$V^C = S \cdot B(T \geq a \mid T, p') - K(1+r)^{-T} \cdot B(T \geq a \mid T, p) \tag{7.12}$$

$$p = \frac{(1+r)-d}{u-d} \qquad p' = \left[\frac{u}{1+r} \right] p \qquad a \equiv \frac{\log(K/Sd^T)}{\log(u/d)} \text{より大きい非}$$

負の最小整数値

(2)　ブラック&ショールズ（B-S）オプション・モデル

コックス，ロス&ルービンスタイン（CRR）オプション価格モデルでn　期後の株価S^*とすれば$S^* = u^j d^{n-j} S (j = 0, 1, 2, \cdots n)$であるので対数をとる。

$$\log \left(\frac{S^*}{S} \right) = j \log \left(\frac{u}{d} \right) + n \log d$$

そこで$E\left[\log(S^*/S) \right]$，$Var\left[\log(S^*/S) \right] = \sigma^2$ついて$n$を微小にして

98

$$u = e^{\sigma\sqrt{n/T}} \qquad d = e^{-\sigma\sqrt{n/T}} \tag{7.13}$$

の関係があれば，$\log(S^*/S)$はブラウン運動をすることが証明できる[1]。

よって(7.13)を利用して，2項分布 (S^*/S)を(S/K)と置き換えて変形すると

$$\begin{aligned}B(n \geq a \mid T, p') &\to \Phi(d_1) \\ B(n \geq a \mid T, p) &\to \Phi(d_2)\end{aligned} \tag{7.14}$$

$\Phi(\cdot)$：標準正規分布の分布関数（以下，正規分布関数）[2]

$$d_1 = \frac{\ln(S/K) + (r + 0.5\sigma^2)T}{\sigma\sqrt{T}} \qquad d_2 = d_1 - \sigma\sqrt{T}$$

を導くことができる[3]。

(7.12)の究極なコックス，ロス&ルービンスタイン（CRR）オプション・モデルは以下の B-S コール・オプションの価値V_t^Cと同一になる[4]。

---

1) $\log_e(P^*/P) = \ln(P^*/P)$
2) 標準正規分布の確率密度関数 ϕ (1.5) と標準正規分布の（累積）分布関数 Φ (1.5) の式とグラフは以下のとおり。

$$\phi(x) = \frac{1}{\sqrt{2\pi}} \exp\left[-\frac{1}{2}x^2\right] \qquad \Phi(x) = \int_{-\infty}^{x} \frac{1}{\sqrt{2\pi}} \exp\left[-\frac{1}{2}t^2\right] dt$$

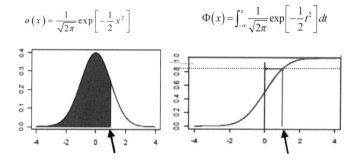

3) 詳しい展開はCox&Rubinstein[1985]（同訳書207-213頁）を参照。
4) B-Sオプション・モデルは無裁定条件と補完市場を前提として，ギルザノフの定理を用いたマルチンゲール変換による解法が一般的な展開である（例えば，Neftci,S.N.[1988]を参照）。

第Ⅱ部　効率的市場の証券理論

$$V_t^C = S_t \Phi\left(d_1\right) - Ke^{-r\tau}\Phi\left(d_2\right) \qquad T - t = \tau \qquad (7.15)$$

(7.15)の$\Phi(d_1)$は株価が権利行使価格より高くなるときは S_t，それ以外はゼロ

の確率を示す。$\Phi(d_2)$は権利行使価格で支払われる確率を示している[5]。

　なお，記号は従前と同じである。次に，プット・オプションの価値 V^P は裁定取引の余地のない市場で同じ行使価格と満期日であるならば，以下のようなコール・プット・パリティの関係から求めることができる。

$$V_t^C + Ke^{-r\tau} = V_t^P + S_t \qquad (7.16)$$

(7.15)と(7.16)から(7.17)を導出できる。$1 - \Phi(d_1) = \Phi(-d_1)$を想起する。

$$V_t^P = -S_t \Phi\left(-d_1\right) + Ke^{-r\tau}\Phi\left(-d_2\right) \qquad (7.17)$$

(3)　プレミアムの分解

グリークス

　オプションの価格 $V_t^{C,P}$ は5つのパラメータ f (S, K, τ, r, σ) により変化する。これらのパラメータがオプション価格にどのように影響を与えるか整理する。その結果はギリシャ語の「グリークス」と呼ばれる。特に原資産価格 S の変化に対するオプション価格 V^C の変化であるデルタ Δ が重要である。

$$\Delta = \frac{\partial V_t^C}{\partial S_t} = \Phi(d_1) > 0 \qquad (7.18)$$

ATM と OTM

　オプションの価値（プレミアム）は①真正価値（intrinsic value）と②時間的

---

5)　S が大きくなると $\Phi(d_1)$ と $\Phi(d_2)$ はともに1に近づく。

100

価値（time value）から構成されている。

① 真正価値とは時間的経過から独立した価値でコールであれば max(S_T-K,0)，プットであれば max(K-S_T,0)である。そして利益が出ているとき ITM（in of money），損得ゼロ（S_T＝K）のとき ATM(at of money)，損失のとき OTM（out of money）という。

② 時間的価値とは時間的経過に依存した価値（金利，基礎商品の価格，ボラティリティ）であり（プレミアム－真正価値）の部分である。

3 デリバティブの機能

(1) 裁定取引

先物取引の裁定

裁定（arbitrage）取引（さや取引）が行われない効率的市場であるための無裁定条件は

$$F_t^{\,*} = S_t e^{(r-d)\tau} \tag{7.19}$$

d：配当率　　r：金利　　τ：$T-t$　（期間）

である。

これはリスク中立型の世界を想定している。

しかし F_t は理論値 $F_t^{\,*}$ から往々にして乖離してしまうが満期日 T には F_T ＝S_T となる。こうした時，裁定取引が生じる。これを【図表7-4】のように $F_t > F_t^{\,*}$ と $F_t < F_t^{\,*}$ に分けて裁定取引を考えてみよう。

第Ⅱ部　効率的市場の証券理論

買い裁定取引

［事例1］のように t 時点で $F_t > F_t^*$ のとき，借入金で現物 S_t を買い，同時に先物売り F_t を行う方法である。そのときの決済日 T は以下のとおりとなる。ただし，借入金利息の支払いは考えない。

（先物取引の決済）＋（現物売却で借入金を返済）＋（借入金利息の支払い）

$$Arb_{Buy} = \left\{ (F_t - F_T) + (S_T - S_t e^{(r-d)\tau}) \right\} \tag{7.20}$$

さらに，満期日 T では $F_T = S_T$ であるから(7.20) は以下のように書き換える。

$$Arb_{Buy} = F_t - S_t e^{(r-d)\tau} = F_t - F_t^* > 0 \tag{7.21}$$

よって満期日 T の損益は必ずプラスになる。

売り裁定取引

［事例2］のように で $F_t < F_t^*$ のとき，現物を借りて S_t を売り，同時に先物買い F_t を行う方法である。そのときの決済日 T は以下のとおりとなる。ただし，貸付け利息は考えない。

（先物取引の決済）＋（現物購入で借株を返済）＋（売却代金貸付の利息）

$$Arb_{Sell} = \left\{ (F_T - F_t) + (S_t e^{(r-d)\tau} - S_T) \right\} \tag{7.22}$$

さらに，満期日 T では $F_T = S_T$ であるから (7.22)は以下のように書き換えることができる。

$$Arb_{Sell} = -F_t + S_t e^{(r-d)\tau} = -F_t + F_t^* > 0 \tag{7.23}$$

よって，満期日 T の損益は必ずプラスになる。

【図表 7-4】裁定取引の機会

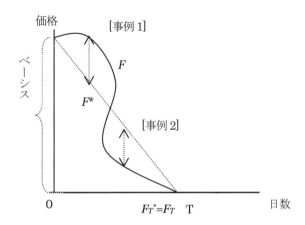

(2) ヘッジ取引（ポートフォリオ・インシュランス）

原理

(7.16)は株式とそのプット・オプションの買い（プロテクティブ・プット）は割引債を購入し，株式の値上がり益のためのコール・オプションを購入する（フィデュシャリー・コール）と等しいことを意味する。このことで株式の値下がりをプット・オプションで回避することができることを示している。事例として【図表 7-5】をみてほしい。運用リスクの値下がりの回避のためにこのような保険を掛けることを「ポートフォリオ・インシュランス（PI:Portfolio Insurance）」という[6]。しかし，期初に行うプロテクティブ・プットは流動性，行使価格，行使期間等の条件から最適なヘッジ・オプションを見つけることは難しい。

---

6) ポートフォリオ・インシュランスの全般については Luskin[1988]を参照。

【図表 7-5】 ポートフォリオ・インシュランス

最終価格(S)	85	90	95	100	105	110	115	120	125
現物ポートフォリオ(A)	-15	-10	-5	0	5	10	15	20	25
先物売り(B)	20	15	10	5	0	-5	-10	-15	-20
コール買い(C)	-5	-5	-5	-5	-5	0	5	10	15
コール売り(D)	5	5	5	5	5	0	-5	-10	-15
債券(E)	5	5	5	5	5	5	5	5	5
プット買い(F)	15	10	5	0	-5	-5	-5	-5	-5
プット売り(G)	-15	-10	-5	0	5	5	5	5	5
プロテクティブ・プット(A+F)	0	0	0	0	0	5	10	15	20
フィデューシャリー・コール(C+E)	0	0	0	0	0	5	10	15	20
【取引条件】	現在現物価格S=100		プット&コールの権利行使価格(K)=105			プレミアムP=5			
	先物売り=105		年利息5%		契約取引期間1年				

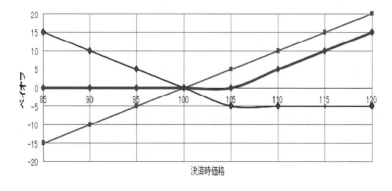

ダイナミック・ヘッジ

そこで以下，他のヘッジ方法を考える。ここではB-Sモデルを利用する。まず，最適なオプションのペイオフを想定しよう。いまB-Sモデルのプット・オプションの(7.17)を再掲する。

$$V_t^P = -S_t \Phi(-d_1) + Ke^{-r\tau}\Phi(-d_2) \tag{7.24}$$

第7章　デリバティブ

そこでプロテクティブ・プットの運用資産を

$$W_t = \left(S_t + V_t^P \right) x \tag{7.25}$$

　　W_t :運用資産　　x : *単位

で表わす。

　また $1-\Phi(-d_1)=\Phi(d_1)$ であるから

$$W_t = \left[S_t \Phi(d_1) + Ke^{-rt}\Phi(-d_2) \right] x \tag{7.26}$$

となる。

　(7.26)の第1項は現物ポートフォリオ（株式）の投資額であり，第2項は割引債券の投資金額である。すなわちプロテクティブ・プットは現物ポートフォリオ（株式）と債券とに複製（replication）することが可能である。

　いま現物ポートフォリオ（株価）S_t（1単位）が変化したとき，相互にペイオフが相殺されてゼロ・ポジションを(7.27) で示したようなデルタ・ニュートラル（delta neutral）に基づいて行う[7]。これはリバランスであり，連続的に行う場合にはダイナミック・ヘッジという。

$$\varDelta^P = \frac{\partial V_t^P}{\partial S_t} = \Phi(d_1) - 1 < 0 \tag{7.27}$$

まとめ

　本章のデリバティブの内容は理論的にはヘッジ機能を有するポートフォリオ・インシュランス(PI)に集約される。

　PIはリーランド（Leland,H.E.）[1985]の理論化を嚆矢に急速にファンド・マネジャーの運用方法として盛行した。

---

7)　(7.27)において $\varDelta^P$=0.4 のとき，互いの関係が負であるから現物ポートフォリオ(株式)の 10%下落に対応するプット・オプション（下落分の 4%）を購入すると損失が相殺できることを意味する。そのため，それに相当する株式の売却と債券の購入が必要になる。

105

第Ⅱ部　効率的市場の証券理論

しかし，1987年10月14日（水）から16日（金）間，ダウ工業株平均は10%下落した。ファンダメンタルズの悪化のバッド・ニュースの影響による。これによりファンド運用のヘッジ取引のPIの売りが増加した。これは株価が下がれば株式を売却するPIモデルによる。週明けの19日(月)に入り，バッド・ニュースがないにもかかわらず，PIがさらに急増した。このPI取引の急増は他のトレーダー（主として機関投資家）の大量売りを誘発させた。この結果，流動性イベント（注文の不均衡）が起きて，さらに株価を押し下げた。結局，10月19日（月），ダウ工業株平均(DJIA)が史上最大の下落率（22.6%）を記録した。この日をブラック・マンデー（Black Monday）という。

［付　録］　B-Sオプション・モデルのエクセル計算

　下記は株価＄35.5，行使価格$35，ボラティリティ20%，無リスク金利5%，行使期間20週（1年＝52週）を条件に株価（幾何ブラウン運動）について株価変動によるポートフォリオ・インシュランス（PI）のシミュレートしたエクセル計算とその結果である。

【図表　付録7-1】B-Sオプション・モデルのエクセル計算

	A	B	C	D	E
1			B-S model		
2		$V^P = -S\Phi(-d_1) + Ke^{-rT}\Phi(-d_2)$			
3					
4		$d_1 = \left[\ln(S/K) + (r + 0.5\sigma^2)T\right] / \sigma\sqrt{T}$			
5					
6		$d_2 = d_1 - \sigma\sqrt{T}$	$1 - \Phi(-d_2) = \Phi(d_2)$		
7					
8					
9					
10		S	35.5		
11		T	0.385	SQRT T	0.62
12		σ	0.2	σ^	0.04
13		r	0.05	rT	0.02
14		K	35		
15		S/K	1.014	lnS/K	0.01
16		(r+05σ^)T	0.027		
17		σ SQRTT	0.124		
18		exp(-rT)	0.981		
19		d1	0.331		
20		d2	0.207		
21		Φ(d1)	0.630	NORMSDIST	
22		Φ(d2)	0.582		
23		Φ(-d2)	0.418	V^P	1.21
24		Φ(-d1)	0.370		
25					

第7章　デリバティブ

【図表　付録7-2】PI のシミュレーションの結果

週次	株価(A)	Putオプション価値(B)	puxデルタ⊿(C)	ポートフォリオ価値(D)=E+F	株式投資 (E)	債券投資(F)	株式投資(G)=A+E	ω=G/(G+F)
20	35.5	1.21	-0.370	1.21	-13.14	14.35	22.36	61
19	34.63	1.53	-0.451	1.53	-15.61	17.15	19.02	53
18	33.75	1.94	-0.541	1.94	-18.26	20.21	15.49	43
17	34.75	1.42	-0.445	1.42	-15.47	16.90	19.28	53
16	33.75	1.89	-0.553	1.89	-18.67	20.56	15.08	42
15	33	2.32	-0.641	2.32	-21.14	23.45	11.86	34
14	33.88	1.77	-0.552	1.77	-18.72	20.48	15.16	43
13	34.50	1.78	-0.583	1.78	-20.12	21.90	14.38	40
12	33.75	1.78	-0.583	1.78	-19.69	21.46	14.06	40
11	34.75	1.21	-0.467	1.21	-16.22	17.44	18.53	52
10	34.38	1.36	-0.520	1.36	-17.88	19.24	16.50	46
9	35.13	0.96	-0.425	0.96	-14.92	15.87	20.21	56
8	36	0.59	-0.310	0.59	-11.15	11.74	24.85	68
7	37	0.29	-0.188	0.29	-6.95	7.24	30.05	81
6	36.88	0.27	-0.187	0.27	-6.90	7.16	29.98	81
5	38.75	0.04	-0.040	0.04	-1.55	1.59	37.20	96
4	37.88	0.06	-0.064	0.06	-2.42	2.48	35.46	93
3	38	0.03	-0.036	0.03	-1.38	1.40	36.62	96
2	38.63	0.00	-0.005	0.00	-0.19	0.192	38.44	100
1	38.5	0.00	0.000	0.00	-0.01	0.01	38.49	100
0	37.5	0.00	0.000	0.00	0.00	0.00	37.50	100

参考文献

Black,F.,Perold,A.F.[1992]"Theory of Constant Proportion Portfolio Insurance," *Journal of Economics and Control*16,403－426.

Black,F.,Scholes,M. [1972] "The Valuation of Options and Corporate Liability" *Journal of Political Economy* 81,737-654.

Cox,J.K.,Rubinstein,M.[1985]*Option Markets*,Prentice-Hall,Boston （仁科一彦監訳[1988]『オプションマーケット』HBJ 出版局）

Friedman,M. [1971] "The Need for Futures Markets in Currencies"（Report to CME）In *Cato Journal* 31(3),635-641.

Leland,H.E.[1985] "Who Should Buy Portfolio Insurance,"*Journal of Finance*35,581-594.

Luenberger,D.G.[1998] *Investment Science*, Oxford University Press, N.Y.(今野浩,鈴木賢一,枇々木

第Ⅱ部　効率的市場の証券理論

規雄訳[2002]『金融工学入門』日本経済新聞社)

Luskin,D.L. ed.[1988] *Portfolio Insurance*,JohnWiley&Son.N.J.

Hull,J.C. [1997]*Option,Futures,and Others Derivativs*,Prentic-Hall,Boston.（東京三菱銀行商品開発
部訳[1998]『フィナンシャルエンジニアリング』（第3版）きんざい）

Neftci,S.N. [1988] *An Introduction to the Mathematics of Financial Derivative,* 2nd. ed., Academic
Press, San Diego.(投資工学研究会訳[2001]『ファイナンスへの数学入門』朝倉書房)

佐藤猛[2008]『証券市場の基礎理論』税務経理協会

辰巳憲一[2004]『金融・証券市場分析の理論－新しい展開と応用』中央経済社

田畑吉雄[2001]『金融工学入門』エコノミスト社

津野義道[2001]『ファイナンスのための確率積分』共立出版

第8章　構造モデル

本章が扱うロバート・マートン[1974]の企業価値モデル（構造モデル）とは、ある時期の資本と負債の関係から各資本の評価を行うモデルである。この際、それらの資本の請求権の評価はあらかじめ定められている条件に従って行われる。この評価の分析を「条件付き請求権分析（CCA：Contingent-Claim Analysis）」という。具体的には各資本についてオプション・モデルを用いてCCAにより評価する。また、この構造モデルを利用すると、ある時期に資本と負債の関係からデフォルト・リスクの確率を求めることができる。

1　条件付き請求権分析による証券評価

(1)　株式と社債

多くの企業は、株式 E、社債 B、転換社債 CB、ワラント社債 WB を組み合せて発行している。そこで、これらの証券を現時点の資産価値 V が既知として、それを変動させるとしたらどのような評価がなされるかについて、条件付き請求権分析（CCA）から検討する。

なお、CCA評価については簿価ベースと時価ベースが同じ評価であるとする。すなわち、企業価値は総資本と等しいと仮定する。

以下、記号を定義する。

B_i：i：期の社債価値（償還額 X）　　E_i：i 期の株式価値

$B_i + E_i = V_i$：企業価値　　r：金利　　$\tau = T$（満期）$- t$：期間

109

【図表 8-1】 CCA 資産評価

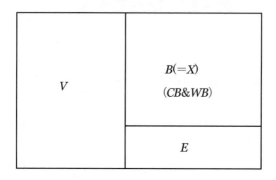

これにより T 期の株式価値と社債価値は以下のようになる。

$$E_T = \max[V_T - X, 0]$$
$$B_T = \min[V_T, X] = X + \min[V_T - X, 0] = X - \max[X - V_T, 0]$$

よって t 期のそれぞれの価値は

$$E_t = \max\left[V_t - Xe^{-r\tau}, 0\right] \tag{8.1}$$

$$B_t = Xe^{-r\tau} - \max\left[Xe^{-r\tau} - V_t, 0\right] \tag{8.2}$$

となる。また $B_i + E_i = V_i$ であるから

$$B_t = V_t - \max\left[V_t - Xe^{-r\tau}, 0\right] \tag{8.3}$$

(8.1)はコール・オプション価値であり，(8.2)の第 2 項はプット・オプションの価値である。よって，もし企業価値が対数正規確率過程に従うならば，B-S モデルから以下のように表わすことができる。

$$E_t = V_t \Phi(d_1) - Xe^{-r\tau} \Phi(d_2) \tag{8.4}$$

$$d_1 = \frac{\ln(V_t/X) + (r + 0.5\sigma^2)T}{\sigma\sqrt{T}} \qquad d_2 = d_1 - \sigma\sqrt{T}$$

σ ：企業価値のボラティリティ　　　$\Phi(\cdot)$：標準正規分布関数

同様に社債については以下のようになる。

$$B_t = Xe^{-r\tau} - \left[-V_t\Phi(-d_1) + Xe^{-r\tau}\Phi(-d_2) \right]$$

$$= V_t\Phi(-d_1) + Xe^{-r\tau}\left[1 - \Phi(-d_2) \right] \tag{8.5}$$

$$= V_t\Phi(-d_1) + Xe^{-r\tau}\Phi(d_2)$$

そこで E_t と B_t について静学的比較分析を行う。

① 企業価値 V の変化に対して：　　$\dfrac{\partial E_t}{\partial V_t} > 0$　　　$\dfrac{\partial B_t}{\partial V_t} = 1 - \dfrac{\partial E_t}{\partial V_t} > 0$

企業価値が大きくなると社債価値と株式価値は大きくなる。

② 償還額 X の変化に対して：　$\dfrac{\partial E_t}{\partial X} < 0$　　$\dfrac{\partial B_t}{\partial X} > 0$

償還額が大きくなると株式価値は小さくなり，社債価値は大きくなる。

③ ボラティリティ σ の変化に対して：$\dfrac{\partial E_t}{\partial \sigma} > 0$　　　$\dfrac{\partial B_t}{\partial \sigma} < 0$

ボラティリティが大きくなると株式価値は大きくなり，社債価値は小さくなる。

④ 金利 r の変化に対して：　　$\dfrac{\partial E_t}{\partial r} < 0$　　　　$\dfrac{\partial B_t}{\partial r} < 0$

金利が上昇すると株式価値は小さくなり，社債価値も小さくなる。

⑤ 時間の変化 τ に対して：　$\dfrac{\partial E_t}{\partial \tau} > 0$　　　$\dfrac{\partial B_t}{\partial \tau} < 0$

（投資）期間が長くなると株式価値は大きくなり，社債価値は小さくなる。

以上のことから，社債すなわち負債と株式が多くの場合，利益相反しているこ

第Ⅱ部　効率的市場の証券理論

とがわかる。

(2)　エクイティ社債

転換社債

n株式を発行している企業の企業価値 V_E, 新たに転換社債の発行総額$G=\Delta nK$（転換価格 K, 転換株式数 Δn ）を発行した。希薄化係数を$\lambda=\Delta n/(n+\Delta n)$ と仮定する（ただし転換は一斉転換する）。そこで希薄化された時点 t の株価は $S_t^*(=\{E_t/(n+\Delta n)\})$ である。そして償還金額を X とすれば，転換価格は以下のように表現できる。

$$CB = \Delta n \max \left[S_t^* - K , 0 \right] + X \tag{8.6}$$

1株当たりの CB の収益は以下のとおりである。

$$CB = S^* \Phi(d_1) - Ke^{-rt}\Phi(d_2) \tag{8.7}$$

通常，転換社債の理論価格をみる際には，債券は 100 円で表示されるので次のようなパリティ（P_{CB}-Parity）が用いられる。

$$p_{CB} = \left[S_t^*/K \right] \times 100 \tag{8.8}$$

上記式パリティ 100 を基準に 100 以上だと株価に連動して変化するが，100 以下であると社債価値となる。これは【図表 8-2】で 図式化されている。

ワラント社債

ワラント社債は社債 B＋新株引受権（ワラント）W（＝コール・オプション）で，転換社債をアンバンドリング（切り離し）したものといえる。ただし社債額面総額に等しく新株予約権（コール・オプション）を付与されているとは限らない。これを付与率 l（≦1）という。

【図表 8-2】 転換社債の価格（額面 100 円）

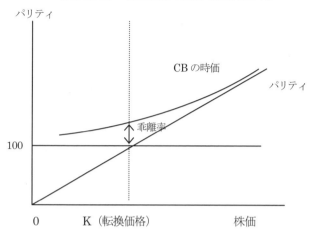

(3) CCA の簡単な事例

債券の利率等は V の変化から除外され，時間的割引率も無視する。その上で【図表 8-3】と【図表 8-4】では 0 期の財務状況が示されている（ただし括弧は株式価値 1 株についての価値を示す）。いま株価の変動による企業価値の増減（営業利益の変動と考えてもよい）による t 期の各証券の価値を以下の組み合せで CCA の公式(8.1)から(8.3)により算出（1 株当たり）した結果が【図表 8-5】と【図表 8-6】のグラフである。ただし，簿価と時価が同じ(PBR=1)であると仮定する。

【図表 8-3】CCA の簡単な事例（株式と社債）

		B	300億円
V=企業価値	600億円		（300円）
V(1株)	600円	E	300億円
		【1株】	（300円）

第Ⅱ部 効率的市場の証券理論

【図表 8-4】CCA の簡単な事例（株式とエクイティ社債）

		B	300億円
			（300円）
V=企業価値	1500億円	CB	600億円
V(1株)	1500円		（600円）
		WB	300億円
			（300円）
		E	300億円
		【1株】	（300円）

【図表 8-5】CCA の簡単な事例（株式と社債）のグラフ

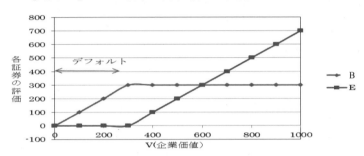

【図表 8-6】CCA の簡単な事例（株式とエクイティ社債）のグラフ

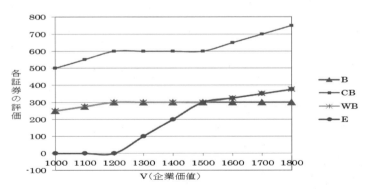

第8章　構造モデル

2　デフォルト・リスク

(1)　デフォルトの確率と距離

デフォルトの確率

いま T ($\tau = T\text{-}t$) 時点で株式の価値が社債の価値より下回るときデフォルトになる。そこで(8.4)を想起して企業価値は B-S コール・オプションで評価しよう。そのとき $Pr_D \{ V_T \geq X \}$ は $\Phi(d_1)$ である。逆に $Pr_D \{ V_T \leq X \}$ は $1 - Pr_D \{ V_T \geq X \}$ であるので，$1 - \Phi(d_1) = \Phi(\text{-}d_1)$ である。これをデフォルトの強度ともいう。

例えば，ある企業の現在の資産価値 V_o=600 億円，1 年度の予想社債価値 X_1= 360 億円，資産の成長率のボラティリティ σ =15 %，τ=1 年，無リスク金利，r=5%，のとき，リスク中立的なデフォルト確率 Pr_D を利用するとデフォルトの確率は 0.124% となる[1]。

$$Pr_D \{ V_T \leq X \} = 1 - \Phi(d_1) = 1 - \Phi(3.6638) = \Phi(-3.6638) \qquad (8.9)$$

デフォルトの距離

デフォルトの確率と同様に株式の価値が社債の価値を表わす閾値は時点 T を下回るとデフォルトになるとしよう。いま，デフォルトの距離（DD：Distance to Default）について直観的説明をしよう。DD は $LnV_T - LnX$ をボラティリティ（$\sigma\sqrt{\tau}$）で割って求められる。この意味はデフォルトするまでのどれくら

---

1)　エクセルによる計算。

Ln(600/360)	0.5108
(0.05-(0.15*0.15/2))*1	0.0388
0.15*sqrt(1)	0.1500
d2	3.6638
NORMSDIST(3.6638)	0.9998758
1-NORMSDIST(3.66)	0.000124

115

第Ⅱ部　効率的市場の証券理論

いの距離(余裕度)があるかという指標である。

$$DD = \frac{Ln(V_T e^{(r-\sigma^2/2)\tau}) - LnX}{\sigma\sqrt{\tau}} = \frac{Ln(V_T/X) + (r-\sigma^2/2)\tau}{\sigma\sqrt{\tau}} = d_2 \qquad (8.10)$$

よってデフォルトの距離 DD は B-S モデル(8.4)の d_2 と同じになる。例えば，ある企業の現在の資産価値 V_0=600 億円，1 年度の予想社債価値 X_1=360 億円，資産の成長率のボラティリティ σ=15%，τ=1 年，無リスク金利 r=5%，のときのリスク中立的なデフォルト距離 DD は(8.10)を利用すると 3.6638 倍を得る。

(2)　債券の金融商品

債務担保証書

　サブプライムなどの住宅ローンを裏付けとする資産担保証券（ABS）を基礎に作られた債務担保証書（CDO：Collateralized Debt Obligation）については1980 年後半に米国で誕生した。その基本スキームはローンプールにはいろいろな債券（ABS や RMBS：Residential Mortgage Backed Securities＝住宅ローン担保証券）を原資産として，特別目的事業体（SPV）が元利金支払いに対して優先劣後の構造（アタッチメント・ポイントとデアタッチメント・ポイント）を持つ複数の「トランシェ（部分）」からなる CDO を作る。このストラクチャーでは支払い優先の低い，エクイティのトランシェから一定の損失まで優先して負担していくので，格付け水準ではエクイティは低格付け，シニア債は高格付けとなる。なお，個々のトランシェを CDO と呼ぶ場合がある。

　こうした CDO 取引を行う動機はいかなるものであるか。まず，アビトラージのために CDO を購入することが考えられる。これをアビトラージ型 CDO という。一方，バランス・シート型 CDO についてはオリジネーターの銀行が保有している原資産を SPV に譲渡して，資金調達をする。SPV はこれらの原資産をもとに CDO を組成する。

　以上の CDO はローンプールを構成する各トランシェは現物を想定している

116

が，これを参照資産としてクレジット・デリバティブ（credit derivative）で代用できる。この参照資産の信用リスクとリターンをもとに作られたものがシンセティック CDO である。

シンセティック CDO

シンセティック CDO は CDO の発行体である SPV がスワップ・カウンターパーティーとの間でポートフォリオを参照資産に関するクレジット・デフォルト・スワップ（CDS : Credit Default Swap）の契約を結び，投資家には CDO を発行して，その代金を受領する。この代金で安全で，流動性の高い債券，例えば，国債を購入する。この債券から得た元利金と CDS のプレミアムを原資として発行した CDO への元利金の支払いが行われる。もし参照資産にデフォルトが発生すれば，担保としていた債券を売却して CDS のプロテクションの支払いに充当するので，その売却分は CDO の想定元本が減額される。その減額方法はそれぞれのトランシェの優先順序により行われる。

クレジット・デフォルト・スワップの評価

CDS には 2 つのスワップの支払い流列がある。1 つはデフォルトした時の保証の支払いをするデフォルト・レッグ（DL:default leg）と，その保証料としてのスワップのプレミアムであるプレミアム・レッグ（PL:premium leg）である。そこからフェアーなスプレッド S を決めなければならない。リスク中立の時は契約の CDS のスプレッド S はなく，DL=PL となる。いま 1 ドル（取引単位）について R を期待回収率，γ をこの期間のデフォルトした比率とすれば，CDS のスプレッド S は

$$\gamma\,(\,1\,-\,R\,)\;=\;s\,(\,1\,-\,\gamma\,) \tag{8.11}$$

の関係である。

CDS はデフォルト率が最も重要な要素であり，CDO の評価にもつながる。

第Ⅱ部　効率的市場の証券理論

(3) 1ファクター・コピュラ正規モデル

いま，多くの CDO(発行時期別)のシニア，メザニン，エクイティのトランシェを購入する。この時，個別のデフォルトについて予測することが重要である。しかし，以下の問題が生じる。

① 各クレジットのデフォルト相関をとることはパラメータが多くなりすぎる。例えば n 個のクレジットのデフォルト相関数 n $(n-1)／2$ である。

② デフォルト相関は相互に独立的で弾力性に欠ける。実際，グループ間のクレジットのデフォルト率は経済がリセションになった時には高くなり，ブームになった時は低くなるので，相互依存性を持つ。

これらの点に対応するためマートン[1974]の構造モデルから展開される1ファクター・モデルを説明する。さらにリー (Li,D.X.) [2000]のコピュラ (copula) の概念を導入した1ファクター・コピュラ正規モデルを展開する。

構造モデルによるデフォルト確率

まずマートン[1974]の構造モデルのエッセンスを説明する[2]。

① 企業 A：資産価値の対数が V_A で正規分布に従う。

② 企業 B：資産価値の対数が V_B で正規分布に従う。

③ デフォルトが発生する時点は $V_A < K_A$ あるいは $V_B < K_B$ のときのみである。
　　企業価値の対数はブラウン運動 (W) をする。

以上のことから

$$dV_A = \mu_A dt + \sigma_A dW_A, \quad dV_B = \mu_B dt + \sigma_B dW_B \tag{8.12}$$

と表現する。

いま $dW_A dW_B = \beta dt$ さらに $dV_A = \sigma_A dW_1$ とすれば

---

2) Schönbucher[2003] (同訳書 439-440 頁)。

118

$$dV_B = \sigma_B(\beta dW_1 + (1-\beta^2)^{\frac{1}{2}} dW_2) \tag{8.13}$$

を得る。

さらに $\sigma_A = \sigma_B = 1$（標準正規分布）としても時空間の尺度が変わるだけで

$$V_B = \beta W_1 + (1-\beta^2)^{\frac{1}{2}} W_2 \tag{8.14}$$

と表現できる。

すなわち，個別デフォルト確率 $[\Phi(K_A), \Phi(K_B)]$ は結合デフォルト確率 $\Phi(K_A, K_B)$ からなり，そこで結合デフォルト確率は相関 β を持っていることになる。

1 ファクター・モデル

そこで （8.14）について V_B を一般に t 期の n 番目の資産価値，V_A を正規分布である資産価値を集合させた標準正規分布に従う共通ファクター Y という要因に代えて，さらに標準正規分布に従う独自の要因を ε_n とすると（Y と ε_n は互いに独立）以下のようになる[3]。

$$V_T^n = \sqrt{\rho} Y + \sqrt{1-\rho}\, \varepsilon_n \quad \forall n \le N \tag{8.15}$$

共通の資産価値の相関が ρ である。（8.15）では企業価値やデフォルトが共通ファクター Y に対して互いに独立的に発生することを意味する。（8.14）と（8.15）と同値であるといえる（$\beta = \rho$ と考えてもよい）。共通の資産価値の相関 ρ の下で一般経済状態に依存するデフォルト確率 $p(y)$ とするとき，デフォルトする閾値が (K) を下回る場合に（8.15）は以下のように変形できる。

$$
\begin{aligned}
p(y) &= \Pr\left[V_t^n < K \mid Y = y\right] \\
&= \Pr\left[\sqrt{\rho} Y + \sqrt{1-\rho}\, \varepsilon_n < K \mid Y = y\right] \\
&= \Pr\left[\varepsilon_n < \frac{K - \sqrt{\rho} Y}{\sqrt{1-\rho}} \mid Y = y\right] = \Phi\left(\frac{K - \sqrt{\rho} Y}{\sqrt{1-\rho}}\right)
\end{aligned} \tag{8.16}
$$

---

3) Schönbucher[2003]（同訳書 419 頁）。

第Ⅱ部　効率的市場の証券理論

1 ファクター・コピュラ正規モデル

(8.15)についてコピュラの概念を導入する。いま複数のリスク・ファクター確率変数 $U_1 \cdots U_n$ についての同時的な挙動は同時分布関数 $F(u_1, \ldots U_n)$ で表わされる。このとき周辺分布 $F_1 \ldots F_n$ の間には以下の関係がある。これを「スクラーの定理」という。

$$\Pr\left(U_1 \le u_1, \cdots U_n \le u_n\right) = F\left(u_1, \cdots u_n\right) = C\left(F_1(u_1), \cdots F_n(u_n)\right)$$

上記式の C はコピュラと呼ばれる関数であり，コピュラ関数 C は各周辺分布が $[0, 1]$ の一様分布の同時分布関数となる。

$$C\left(u_1, \cdots u_n\right) = F\left(F_1^{-1}(u_1), \cdots F_n^{-1}(u_n)\right)$$

$$F_1^{-1}(u_1), \cdots F_n^{-1}(u_n) : F_1(u_1), \cdots F_n(u_n) \text{ の逆分布関数}$$

このコピュラによりデフォルト時刻の同時分布をモデル化できる。ある1個の資産価値のデフォルト時刻 τ^* の分布関数を $F(t) = \Pr(\tau^* \le T = t_n)$ とすると，一様乱数 U を与えれば $\tau_j = F_j^{-1}(U_j)$ となる。そこでデフォルト時刻 τ^* と正規分布の確率の関係を以下のように表現する。

$$U_j = \Phi^{-1}\left[Q(\tau_j^*)\right] \equiv K \qquad \tau_j = Q_j^{-1}\left[\Phi(U_j)\right] \tag{8.17}$$

(8.17)を(8.16)に代入すると　以下のようになにデフォルト率の算出が可能となる。

$$\Pr(U_j < K \mid Y = y) = \Phi_j\left[\frac{\Phi^{-1}\left[Q(\tau_j^*)\right] - \sqrt{\rho}Y}{\sqrt{1-\rho}}\right] \tag{8.18}$$

(8.18)を利用したシミュレーションの事例が【図表 8-7】で示されている。

第8章 構造モデル

【図表8-7】 1ファクター・コピュラ正規モデル

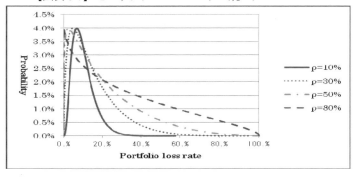

(注) Dresdner Kleinwort（CDO Models September 2008）社［2008］のソフトを利用。

まとめ

構造モデルによるCDOの証券価格理論からリーマン・ショックについてのソロモン（Salmon.F）［2009］の分析を紹介して締めくくりたい[4]。

「住宅担保証書の証券化の理論的な評価の公式であるリー[2000]が考案した正規コピュラ関数の金融部門の利用が金融危機を招いた。この公式に利用される大部分の基本的な前提はCDSの価格が他のCDOの価格と相関してかつ予測が出来ることから成立している。しかし，実際はリーのコピュラ適用は前提から考えるとリスクを軽減するよりも逆にシステマテック・リスクを増幅させるかを示す関数であった。」

さらに，タレブの『ブラック・スワン』[2007]を援用して「なぜなら数学的なエレガントさから人々は正規分布コピュラに夢中となった。過去の歴史はすべてがうまくいっている時ばかりではない。相関に頼ることは危ういのである。」という。すなわち，数年のデータからモデル化して千年に一度しかの起こらない確率を導き出す。投資家はこの確率を基礎に投資をしたことになる。

---

4) 佐藤［2012］10頁。

第Ⅱ部　効率的市場の証券理論

参考文献

Crouhy,M.,Galai,D.,Mark,R. [2001] *Risk management,* McGrawHill,N.Y.（三浦良造訳者代表 [2004]『リスクマネジメント』共立出版）

Li,D.X.[2000]On Default Correlation: Copula Function Approach,. *Journal of Fixed Income* (4-march),43-45.

Hull,J.C.[2007]*Risk Management and Financial Institutions,*2nd. ed.Prentice-Hall, Boston .（竹谷 仁宏訳[2008]『フィナンシャルリスク・マネジメント』（第 1 版）ピアソン・エデュケーション）

Merton,R.C.[1974]" On the Pricing of Corporate Debt: The Risk Structure of Interest Rates," *Journal of Finances* 29(2), 449-470.

Salmon.F.[2009]"Recipe for Disaster :The Formula that killed Wall Street,"*Wired Magazin* （Mach）

Schönbucher,P.[2003]*Credit Derivatives Pricing Models:Models,Pricing and Implementation,*John Wiely &Son.N.J.(望月衛訳[2005]『クレジット・デリバティブ』東洋経済新報社）

Schlösser,A.[2001]*Pricing and Risk Management of Synthetic CDOsC,*Springer, N.Y.

Taleb, N.N.[2007]*The Black Swan: The Impact of the Highly Improbable,* Random House,N.Y.（望 月衛訳[2006]『ブラック・スワン—不確実性とリスクの本質』（上, 下）ダイヤモンド社）

青柳君明, 内村佳子[2010]『Excel&VBA で学ぶ信用リスクの基礎』金融財政事情研究会

佐藤猛[2012]「CDO の正規コピュラ・モデルの解析−金融危機（2008）の視点から−」『商学集志』第 81 巻（3/4）号 1-12　日本大学商学部商学研究会

内藤一郎[1998]『経営財務論』法政大学出版局

森平爽一郎[2011]『信用リスクの測定と管理』中央経済社

第III部　非効率的市場の証券理論

第9章　ゲームの理論

　証券市場における効率的市場仮説が完全に支持されないとき，投資家はどのように振舞うか。本章ではこれを解決するための基本ツールとしてゲームの理論を説明する。ゲームの理論はプレイヤー（投資家）が合理的な最適応答（best response）をすることを前提としている。プレイヤーがゲームのルール（目的，選択的行為）を共通知識（common knowledge）として知っている場合，完備情報ゲームという。そうでない場合は不完備（情報）ゲームといい，このうち本章では特に情報の非対称性のケースを扱う。その基本ツールとしてナッシュの解，ベイズの定理とオークションを対象とする。

　なお，完備情報と完全情報とは異なる概念である。

1　完備情報ゲーム

　完備情報ゲームとはプレイヤー（投資家）は合理的な最適応答を前提に，プレイヤーがルール（目的，選択的行為）について共通知識が同じ場合のゲームである。ここではタッカー（Tucker）が定式化した囚人のディレンマ（prisoner's dilemma）とナッシュ均衡（Nash equilibrium）を紹介する[1]。

(1)　囚人のディレンマ

　いま2人が泥棒の容疑で捕らえられた。彼らはその罪を認めようとしない。そこで検事は別々の部屋で，その罪を認めさせるため仕掛けを策した。2人が白状すれば禁固5年，早く白状したほうは禁固1年，他方は10年，両方とも白状しなければ，証拠不十分で禁固3年である。AとBの利得表は【図表9-1】

---

1)　囚人のディレンマはゲームの理論では完備情報ゲームのうち非協力ゲームに分類される。またゲームは完備情報ゲームであるが，不完全情報である。

125

第Ⅲ部　非効率的市場の証券理論

のとおりである。2人とも自白をするであろうとの推測はつく。このことは情報が欠けていると，最適を求めることが出来ないことを示している。

(2)　ナッシュ均衡

囚人のディレンマについて理論的にその均衡化を求める。そこで，情報がないときに相互に最善の戦略をとり，それが対になればナッシュ（Nash）均衡という。まず，その公式を示す。

$$\text{PL1}：(x^*,y^*)=\max_x(x,y^*) \quad \text{PL2}：(x^*,y^*)=\max_y(x^*,y) \tag{9.1}$$

＊最適応答を示す。

(9.1)において PL1（第1プレイヤー）は PL2（第2プレイヤー）が自白しないとき自白する(-1)，自白するとき自白する(-5)を選択，次に第2プレイヤーは第1プレイヤーが自白しないとき自白する(-1)，自白するとき自白する(-5)を選択することを意味している。よって【図表9-1】の囚人のディレンマの事例ではナッシュ（Nash）均衡は(-5,-5)となる。

これは直感的回答と整合的である。ただし1回限りのゲームである。これを繰り返すことを ステージ・ゲーム（stage game）といい，「しっぺ返し」を適用すると(-3,-3)に行き着く。これはフォークの定理（folk theorem）と呼ばれる。

【図表9-1】囚人のディレンマ

	自白しない y1	自白する y2
自白しない x1	(-3, -3)	(-10, -1)
自白する x2	(-1, -10)	(-5, -5)

126

2 不完備情報（情報の非対称性）ゲーム

プレイヤーがゲームのルール(目的，選択的行為)についての共通知識として差がある場合，不完備情報ゲームという。よって本章は不完備情報ゲームのうち，情報の非対称性（asymmetric information）におけるゲームを想定する。証券市場では情報に投資家間に均一に行き渡っていない状況をいう。経営学では隠された情報（hidden information）ともいい，取引者が相互に情報の非対称性によるモラルハザードが生じるケースを論じる場合が多い。

(1) レモン市場(逆選択)の問題

中古車店を考える。中古車を買い手はその内部までは知らないが，売り手は内部を知っている。一般に，価格が安いと買い手は直に壊れるだろうと思って買わない。逆に，買い手は価格が高いと内部が良いだろうと誤解する。そのとき，中古市場は高い車が売れる。このように情報の非対称性が存在する場合，アカロフ（Akerlof）[1970]が指摘したレモン（lemon:中古車）問題が発生する。すなわち，逆選択（adverse of selection）の現象が起きるとする。このような逆選択の具体的な事例が証券市場でも以下のように多く存在する。括弧は問題の提起者である。

① マーケット・マイクロストラクチャーにおけるアスク‐ビッドのスプレッド理論　（Glosten,L.& Milgrom,P.）
② 資金調達におけるペッキング・オーダー 仮説（Myers,S.C.&Majluf,N）
③ 借入れ返済期限のフラネリー理論（Flannery,M.F.）
④ 上場のための公募（IPO）のアンダープライシング理論（Grinblatt,M&Hwang,C.Y.）
⑤ スピンオフ(企業分離)とカーブアウト(子会社の公募)理論(Nanda,V.)

第Ⅲ部　非効率的市場の証券理論

(2)　ベイズの定理

簡単な事例から

　A銘柄についての統計的傾向は今後，「上がる」確率60％すなわち $\Pr(H_1)$ =0.6，「下がる」確率40％すなわち $\Pr(H_2)$ =0.4であることがわかった。これを事前確率（無条件確率）という。

　これではA銘柄を購入するにはまだ不安である。投資家はさらに証券投資アナリストの予想を参考にすることにした。

　これまでの証券投資アナリストの予想実績から実際の上がるデータ（D）確率を調べてみると，実際に上がるときに「上がる」と出した予想した確率は0.8，すなわち $\Pr[D \mid H_1]$ =0.8である。一方，実際は下がったが「上がる」と予想した確率は0.3すなわち $\Pr[D \mid H_2]$ =0.3であった。

　　一般に　　　　事象＝A株式が上がる事象を H_1

　　　　　　　　　余事象＝A株式が下がる事象を H_2

　　　　　　　　　上がる（予測）データをD

と定義される。

　いま事後確率（条件付き確率）は $\Pr[H_1 \mid D]$ は

　　$\Pr[H_1 \mid D] = (\Pr(H_1) \times \Pr[D \mid H_1])\ \div$

　　　　$\{(\Pr(H_1) \times \Pr[D \mid H_1]) + (\Pr(H_2) \times \Pr[D \mid H_2])\}$

である。

　これに基づいて計算すると

　　$\Pr[H_1 \mid D]$ ＝0.6×0.8／（0.6×0.8＋0.4×0.3）＝0.8

となる。

　よって，証券投資アナリストの予想を参考にすると，株価が上がるとの信念は60％から80％へと高くなる。これを信念の変更（posterior belief）という。このように無条件期待値から条件付期待値により事後見解の算出方法が「ベイズの定理」（Baye's rule）である。

第9章　ゲームの理論

確率変数が連続分布に従う場合

$p(y \mid x)$ =事後分布 (posterior distribution) という関係が成立するとする。すなわち，事前分布は x を得る前の知識を反映し，事後分布は事前の知識にデータ x による学習（learning）した知識を反映している。一般のベイズの定理の公式を示す。

$$p(y \mid x) = \frac{p(x \mid y)p(y)}{p(x \mid y)p(y) + p(x \mid \overline{y})p(\overline{y})} \tag{9.2}$$

$\overline{y}$：余事象（y という状況が起こらない場合）

次に確率変数が連続分布(正規分布)に従う場合のベイズの定理の公式を示す。

$$p(y \mid x) = \frac{p(x \mid y)p(y)}{\int p(x \mid y)p(y)dy} \tag{9.3}$$

いま事前の確率密度関数 $p(y)$，$p(x \mid y)$ がそれぞれ $p(y) \sim N(m, \sigma_y^2)$，$p(x \mid y) \sim N(y, \sigma_x^2)$ に従うものとすると，事後分布は以下のように求められる。分散の逆数を精度（Precision）という。事後の精度は2つの事前の精度の和となる。

$$p(x \mid y) \sim N\left(\frac{\dfrac{m}{\sigma_y^2} + \dfrac{y}{\sigma_x^2}}{\dfrac{1}{\sigma_y^2} + \dfrac{1}{\sigma_x^2}}, \left(\frac{1}{\sigma_y^2} + \frac{1}{\sigma_x^2} \right)^{-1} \right) \tag{9.4}$$

(3)　オークション

種類

オークションの方式として以下のものがある。

① 第1価格（入札方式）

第Ⅲ部　非効率的市場の証券理論

- ・イングリッシュ・オークション：安い値から順次引き上げる方法をとる。（イギリスの骨董品・絵画のサーザビーズ（Sotheby's）やクリスティーズ（Christie's））
- ・ダッチ・オークション：高い値から始めて，順次引き下げる方法をとる。（アムステルダムの花市場）
② 　第２価格入札方式（高い値の入札者が２番目に高い価格で入札する）
  - ・ヴィカリィ（Vickrey）[1961]オークション：希望値段を募り，それを公表して行う。
  - ・イングリッシュ・オークション：安い値から順。

また①と②において公開（open）と封印（seal）の方法がある。

なお，１ユニットの品物を売手が入札して決めようとする。そのとき２人の入札者のそれぞれある品物の評価を V_1 と V_2 とすると，イングリッシュ・オークション，ヴィカリィ・オークションともに売り手は $p＝\min(V_1,V_2)$ 円を受け取り，買い手は $[\max(V_1,V_2)－\min(V_1,V_2)]$ の収益を受け取る。

基本的オークション理論

重要なオークション理論を挙げておく。①最適入札：オークションにおいて自分の評価額が V 円ならば，入札金額は $1/2$ 円とすればよい。②収益同値性定理：この定理の意味はもし価値が（相互独立で正規分布）ですべての入札者がリスク中立型で，商品が必ず売れるという前提の下ではどのオークションの形態であろうと売り手にとっては同じ収益になる。

具体例（ダブル・オークション）

証券取引所のように売りも買いも両者が競う合うオークションはダブル・オークション（または一括オークション）とも呼ばれる。以下，そのオークション方式をみてみよう。まず価格優先 S （成り行き＞指値）と時間優先 t （同じ指

値）がある。【図表9-2】のオークションにおいて，始値は338円に決定する。

指値の無料オプション性

　【図表 9-2】のダブル・オークションをみると，K を指値注文としてまた S を執行価格とすれば，S が K 以上のときは買い注文が不成立，S が K 以下のときは売り注文が成立する。これは集団オークションにおいて指値注文は無料オプションの性格を持っていることを示す。また集団オークションの注文は「勝者の呪い」に直面する危険性はない。

【図表9-2】ダブル・オークションの状況

売り注文	呼び値	買い注文
成り行き A③		②B　②C
	呼び値	
←―――――	優先	―――――→
E③　　D①	340	
F⑤	39	①G
I④　　H①	38	③J　①K
	37	③L　③M

〇の数値は注文量。AからMは注文者

成立売買注文株　A③＋H①＋I④　　　　②B＋ ②C＋①G＋③J

シグナリングと分離均衡

　【図表9-3】の市場価値を用いて説明する。一括均衡とは各企業の真の情報（企業の内部者のみが知っている真の価値）がわからないので，平均をすべての企業の価値を市場の平均にして均衡化させる。分離均衡は企業の内部者のシグナ

第III部　非効率的市場の証券理論

リングを通して市場は部分均衡化の方向になる。分離均衡のとき，優位にある企業は他社が模倣できないようなシグナルを市場に送ることになる[2]。

【図表9-3】　市場価値

企　業	真の価値	一括均衡	部分的分離均衡	完全分離均衡
A	40	25	35*	40
B	30	25	35*	30
C	20	25	15**	20
D	10	25	15**	10
平均値	25	25	25	25

*市場価値はA，B，の真の価値の平均値を反映している。

**市場価値はC，Dの真の価値の平均値を反映している。

(4)　ミニマックス戦略

当初からセカンド・ベストをとることも考えられる。この戦略はある条件で危険(リスク)回避者は最低保証水準（security level）利得を求めるための投資である。例えば，ミニマックス$[\min(i)\max(j)]$戦略，マックスミニ$[\max(i)\min(j)]$戦略がある。また，ラプラス基準は平均の最大を選ぶ方法である。以下【図表9-4】の事例から簡単に各戦略が理解できる。

【図表9-4】ミニマックス戦略の事例

単位（%）	不景気	好景気	各銘柄の最低利益	平均利益
株式A	6	14	6	10
株式B	0	18	0	9

---

2) Ogden,Jen,&O'Connor［2003］（同訳書140頁）に準拠。

まとめ

　本章は証券市場における情報の非対称性に対するトレーダーの対応について，ゲームの理論から説明しようとしたものである。ただし，この説明だけで完結できる実例は少ない[3]。多くのゲームの理論は売買システムや情報の非対称性を前提としたマーケット・マイクロストラクチャー（市場の微視的構造）において利用されることになる。その意味でゲームの理論の発展は証券理論に基礎的頑強性の構築に寄与するであろう。

　また本章では，不完備契約理論について扱っていないが，証券理論で応用可能であろう。この点は今後の課題としたい。

参考文献

Akerlof,G.[1970]"The Market for Lemons:Qualitative Uncertainty and the Market Mechanism," *Quarterly Journal of Economics*89,488-500.

Flannery,M.F.[1986]"Asymmetric Information and Risky Debt Maturity Choice," *Journal of Finance*41,19-37.

Friedman,D.,Rust,J.(eds.)[1993]*The Double Auction Market,*Westview Press, Boulder, Colorado.

Gibbons,R.[1992] Game theory for Applied Economist,Princetond Univerity Press, N.Y. （福岡正夫,須田伸一訳[1995]『経済学のためのゲーム理論入門』創文社）

Grinblatt,M.,Hwang,C.Y.[1989]"Signalling and the Pricing of New Issues," *Journal of Finance* 44,393-420.

Kreps,K.M.[1990]*Game and Economic Modelling,*Oxford Univerity Press,Oxford,U.K. （高森寛,大住栄治,永橋透訳[2000]『ゲーム理論と経済学』東洋経済新報社）

Krishna,V. [2002]*Auction Theory,* Elsevier Science, Academic Press, Elsevier Science, San Diego, CA.

Leland,H.E.&Pyle,D.H.[1977]"Informational Asymmetries, financial Structure,and Financial Intermediation,"*Journal of Finance* 32,371-387.

　3）　例えば，国債，TOB，IPO 等の入札に用いられることがある。

第Ⅲ部　非効率的市場の証券理論

Milgrom,P.[2004]*Putting Auction Theory to Work,* Cambridge University, Cambridge,U.K.　（川又邦雄,奥野正寛監訳,計盛英一郎,馬場弓子訳[2007]『オークション理論とデザイン』東洋経済新報社）

Myers.,S.C.,Maljuf,N.[1984]"Corporate Financing and Investment Decision When Firms have Information that Investors do not have" *Journal of Finance and　Economics*13,187-221.

Nanda,V.[1991]"On the Good News in Equity Crve-Out,"*Journal of Finance* 46, 1717-1737.

O'Hara, M. [1995]Market Microstructure Theory, Backwell Publishers , Cambridge, MA . （大村敬一,宇野淳,宗近肇訳[1996]『マーケットマイクロストラクチャー』きんざい）

Ogden,J.P.,Jen,F.C.&O'Connor[2003]*Advanaced Corporate Finance,*Pearson Education Pren -tice Hall, Boston. （徳崎進訳[2004]『アドバンスト・コーポレート・ファイナス：政策と戦略』(下) ピアソン・エデュケーション）

Rasmusen,E. [1989] *Game and Information :An Introduction to Game Theory.* Blackwell, London. （細江守紀,村田省三,有定愛展訳[1990]『ゲームと情報の経済分析』九州大学出版会）

Vickrey,W.[1961]"Counterspeculation, Auctions and Competitive Sealed Tenders,"　*Journal of Finance* 16,8-17.

岡田章**[1996]**『ゲームの理論』新版 2011, 有斐閣

梶井厚志, 松井彰彦**[2000]**『ミクロ経済学：戦略的アプローチ』日本評論社

佐藤猛**[2004]**「資金調達の多様化と株式制度の新展開」箕輪徳二,三浦后美『新しい商法・会計と会社財務』(改訂増補版) 73－85　泉文堂

繁桝 算**[1985]**『ベイズ統計入門』東京大学出版会

永谷敬三**[2002]**『入門情報の経済学』東洋経済新報社

第10章　マーケット・マイクロストラクチャー

　マーケット・マイクロストラクチャー（market microstructure：市場の微視的構造）とは「明示的な取引ルールのもと資産が取引される過程と結果を研究する分野である」とオハラ（O'Hara）[1995]は定義する[1]。

　確かにマーケット・マイクロストラクチャーは取引ツールに基づく資産の価格付け理論であるが，情報の非対称の市場構造を前提にするので特徴として，①いろいろなトレーダーが参加する，すなわち，効率的市場が仮定する代表的な投資家のみではない，②ゲームの理論のツール，ベイズの定理が重要な役割を果たす，等を挙げることができる。さらに最終的には市場は均衡化することを想定する意味で新古典派の理論の範疇に入る。こうした特徴を理解したうえで，本章では最も重要な4つのマーケット・マイクロストラクチャー・モデルを説明する。本章はマーケット・マイクロストラクチャーの基礎であるが，理論は精緻である。

1　基礎的概念

(1)　モデルの誕生経緯

　従来，資産の価格（特に株価）決定はマクロ経済現象として捉え，長くのワルラス（Walras,L.）から始まる一般均衡理論，それに続くマーシャル（Marshall,A.）の部分均衡理論が説得的であった。しかし，価格は一般の特定の個人や組織が決定するので，価格形成は取引システム（オークション市場）と市場参加者(マーケット・メーカーやトレーダー)を研究することが必要である。そのうえで，ゼムゼッツ（Demsetz,H.）[1968]が主張するようにミクロ経済，個々のトレーダー（または投資家）の行動の集約したものが市場行動と

---

　1)　O'Hara [1995]（同訳書2頁）。

135

第Ⅲ部　非効率的市場の証券理論

してマクロ経済の現象を捉えるべきであると問題提起がなされ，その後，マーケット・マイクロストラクチャーと呼ばれるようになった。

　当初，マーケット・メーカーのリスク回避を前提に，在庫コストとしてのアスクービッド(ask-bid)のスプレッドの利鞘を分析する在庫モデル（inventory model）が中心であった。その後，マーケット・マイクロストラクチャーの流れはリスク中立型を前提に「資産市場は投資家の情報をどのように集約するか」という情報モデルに移った。このモデルは「情報の非対称性（asymmetric information）」を前提にしている。こうした背景には情報のシグナリング理論の確立が大きな貢献をしていると考えられるが，そのフレームワークは合理的期待均衡（REE）モデルである。このモデルではトレーダーとして，情報トレーダー，非情報トレーダー，マーケット・メーカーが参加する。グロスマン＆スティグリッツ（Grossman,S.J.&Stiglitz,J.E.）モデルが代表的な REE である。

　一方，カイル（Kyle,S.A.）モデルは簡単なモデルから価格と市場流動性の関係性を明らかにした。ゴステン＆ミルグロム（Glosten,L.&Milgrom,P.）の逐次売買モデルでは情報の非対称性から不可避的に出現する市場取引パラドックスが生じることを明らかにした。

(2)　重要な前提

合理的期待均衡

　マーケット・マイクロストラクチャーの重要な前提となる合理的期待均衡（REE）の体系について説明する。まず期初に w^i 単位の証券を保有している２人の投資家は資産の収益に関するシグナル（signal）　は結合シグナルで $s^i \in S^1 \times S^2 (i=1,2)$ である。投資家の条件付期待効用として $U^i \in (X^i, s^i)$ を持つと仮定する。X^i は投資家のポートフォリオの購入量を示す。これらを前提としたエコノミーにおいて，REE の体系は３つの重要な前提を持つ。

136

第 10 章　マーケット・マイクロストラクチャー

① 情報 s と価格 S が線形関係にある。その価格関数を $S(\cdot)$ と表現する。

② 条件付期待効用 $E(U^i)$ を極大化する。ただし，$\Sigma S(X_i - w_i)=0$ を条件とする。

③ 完全な情報 s により形成された価格については市場をクリアーにするので超過需要が発生しない。

なお，REE については以下の批判がある。

① 投資家が情報を使わないと，その情報は価格に反映されない。

② 合理的投資家が価格関数を知っているであろうか。

③ 情報の分布に関する制限的な条件が充足することが前提となっている。

このことからマーケット・マイクロストラクチャー・モデルは厳しい前提の上に構築されていることがわかる。

マーケット・メーカーの即時性の対価

次にマーケット・メーカーの「即時性の対価」について，ストール (Stoll,R.H.) [1978]に沿って説明する。マーケット・メーカーは自分の最適ポートフォリオを所有している。マーケット・メーカーが専門としている株式をトレーダーから買ったり，売ったりすることで即時性の供給をするとき最適ポートフォリオから乖離する。この結果，マーケット・メーカーは相応のリスクを被る。このリスク回避としてスプレッド（アスクとビッドの差）を設けることになる。この考えはマーケット・メーカーの価格設定行動に説得力ある分析を提供した。

さらに同モデルはマーケット・メーカーの売り手と買い手の到着の不完全な同時性から生まれるギャップを埋める役割を果たすとした。

137

第Ⅲ部　非効率的市場の証券理論

2　在庫モデル

　ストールによる即時性の対価のモデルについて，【図表10-1】を用いて直感的説明を行う。ディーラーは自分の最適ポートフォリオを所有している。ディーラーが専門としている株式をトレーダーから買ったり，売ったりすることで即時性の供給をするとき最適ポートフォリオから乖離する。この結果，ディーラーは相応のリスクを被る。直線 $u_f T$ はディーラーの効率的フロンティアであれば N が彼自身の最適ポートフォリオである。そのときの無差別（効用）曲線は U_0 で，いま即時性を供給のため，たとえばトレーダーからの株式を購入する。この時，ディーラーのポートフォリオは N から E へは移行できない。現実的には A へ移動することになる。このときディーラーの効用は U_0 から U_1 へ下がるので g が即時性の供給の対価である。

　ストールはこの g について，S_i の bid 価格 S_i^b（投資家の売り気配）と ask 価格 S_i^a（投資家の買い気配）のスプレッド $S_i^a - S_i^b$ であるとした。

　ストールはスプレッドを市場流動性の供給として扱った最初のモデルを構築して，ディーラーの価格設定行動に説得力ある分析を提供した。

　さらにストールはディーラー，特にマーケット・メーカーは売り手と買い手の到着の不完全な同時性から生まれるギャップを埋める役割を果たすので，最適在庫管理の乖離による対価の必要性も主張した。これは後述するグロステン＆ミルグロム・モデルが提起する情報の逆選択の出発でもあった。

【図表10-1】ストール・モデルの基本ストラクチャー

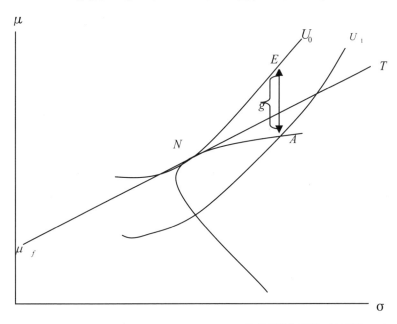

Stoll,H.R.[1978] p 1135 Figure1

3 情報の非対称性モデル

グロスマン&スティグリッツ[1980]は情報の非対称性（情報格差）を前提に，情報の伝達過程についてベイズの学習から私的情報が価格にどのように集約されるかというメカニズムの解明をするための情報の非対称性モデルを構築した。このモデルはルーカスの流れをくむ典型的な REE 理論である。

(1) グロスマン&スティグリッツ・モデル

モデルの概略

グロスマン&スティグリッツ（GS）[1980]は情報の非対称性（情報格差）を

第Ⅲ部　非効率的市場の証券理論

前提に，情報の伝達過程についてベイズの学習から私的情報が価格にどのように集約されるかというメカニズムの解明をするための情報の非対称性モデルを構築した。

ここではグロスマン&スティグリッツ・モデルの概略【図表10-2】を示すことにする。

【図表10-2】情報の非対称性下のプライシングモデル

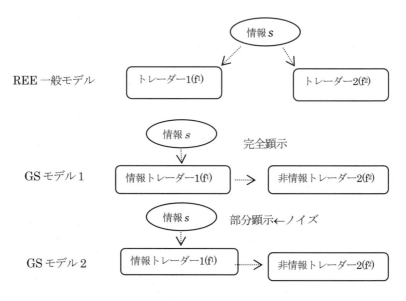

＊トレーダー＝投資家＋マーケット・メーカー

$$\max E^i\left[U^i(x^i, \mathrm{f}) | \mathrm{f}^i, \mathrm{f} \in S^{-1}(s)\right] \ s.t. \ S(x^i - w^i) = 0 \quad (10.1)$$

これを解くと，$X^i(S, \mathrm{f}^i, s(\cdot))$ となる投資家 i の需要関数が求められる。(10.1)が情報の非対称性下の価格付けモデルのエッセンスである。

140

第 10 章　マーケット・マイクロストラクチャー

すなわち $s(\cdot)$ がすべての f について市場をクリアーにするとき超過需要が
ゼロである。よって以下のように整理できる。

完全顕示（f¹=f²）

$$X^1\left(S,\mathrm{f}^1,s(\cdot)\right)+X^2\left(S,\mathrm{f}^2,\theta s(\cdot)\right)=X \tag{10.2}$$

$\theta=1$：観察可能係数

部分顕示（f¹>f²　f²=θf¹）

$$X^1\left(S,\mathrm{f}^1,s(\cdot)\right)+X^2\left(S,\mathrm{f}^2,\theta s(\cdot)\right)=X \tag{10.3}$$

$0<\theta<1$

いま情報トレーダーの比率 ϕ とすると以下のように表現できる。

$$\phi X^1\left(S,\mathrm{f}^1,s(\cdot)\right)+(1-\phi)X^2\left(S,\mathrm{f}^2,\theta s(\cdot)\right)=X \tag{10.4}$$

$0<\phi\le1$

情報の事後更新

より具体的に説明する。いますべての確率変数は独立で正規分布であるとし
て，以下の条件を付す。

①　リスク資産の期待値 $v\sim N\left[\varphi,(\sigma_v^{\,2})^{-1}\right]$（$\sigma_v^{\,2}$ =分散，以下，同記
号は同じ）

②　リスク資産の期待値 v のシグナル $s\sim N\left[\varphi,(\sigma_s^{\,2})^{-1}\right]$

正確なシグナル s を得ると期待値 v を得ることができる。

③　需給の統合

REE を前提とするから各トレーダーの需要 X^i は価格が市場清算価格
（market clear price）であるので，以下のように供給と一致する。

第Ⅲ部　非効率的市場の証券理論

$$X = X_I + X_U \qquad \max U(W_i) \tag{10.5}$$

④　そこでREEを構築するため価格形成ルールとして以下のような線形関係を想定する。

$$p = \alpha \varphi + \beta s - \gamma X \tag{10.6}$$

$$X \sim N(0, 1/\sigma_X^2) \qquad\qquad \gamma : \mathrm{X}（価格）ノイズ$$

⑤　投資家の効用関数はHARA族効用関数$U(W) = -e^{-aW} = -\exp(-aW)$

の指数効用関数を想定すると，その極大化は

$$MaxE\left[u(w)\,|\,s\right] \to\ -\exp\left[-a\left(E[W\,|\,s] - \frac{a}{2}Var[W\,|\,s]\right)\right] \tag{10.7}$$

となる[2]。

　シグナルを受けた情報トレーダーはベイズの定理に従って事後更新をするとすれば，以下のとおりとなる。

$$E(v\,|\,s) = \frac{\sigma_v^2\varphi + \sigma_s^2 s}{\sigma_v^2 + \sigma_s^2} \tag{10.8}$$

$$Var(v\,|\,s) = \frac{1}{\sigma_v^2 + \sigma_s^2} \tag{10.9}$$

よって(10.8)と(10.9)を(10.7)に代入すればよい。非情報トレーダーも同様である。

(2)　モデルのインプリケーション

均衡比率

　グロスマン&スティグリッツは(10.4)を基礎にして均衡構成比を検討している。基本的考え方は情報コスト c を含め情報トレーダーと非情報トレーダーの

---

　2)　さらに$E(W\,|\,s) - a/2 \cdot Var(v\,|\,s)$ となる（佐藤[2008]p19）。

収益が等しくなる取引が均衡点であるとした。

　なぜなら情報トレーダーの期待収益が非情報トレーダーより高ければ，非情報トレーダーは情報取得費用 c を出して情報を買って情報トレーダーに移行する。この移行は情報トレーダーの比率 ϕ は高まり，この移行は互いに期待収益が等しい時に止まるから均衡点(10.10)が成立する。

$$EU(W_\phi^1) / EU(W_\phi^2) = \varphi(\phi) = 1 \tag{10.10}$$

$\qquad EU(W_\phi^i)$ 　：ϕ のときの効用関数

インプリケーション

① 　(10.2)は情報が価格を完全に顕示するが(10.3)は一部分しか顕示しない。

② 　ϕ が大きくなると価格は情報を含んだ株価となる。しかし，ϕ が大きくなると取得費用 c をかけて情報を得て売買する利得が薄れるから市場は薄くなる。

③ 　ノイズが大きいと情報を得て売買をしようとするトレーダーが多くなる。すると ϕ が大きくなるので，再び②の現象が現れる。

　結局，主要テーマは 2 つ見出すことができる。まず効率的市場での価格付けについてである。グロスマン＆スティグリッツが強調したい箇所を引用してみよう[3]。

　「情報トレーダーが情報を収集活動で収益を上げることができる唯一の方法は非情報トレーダーのポジションより有利のポジションにいることである。効率的市場理論が主張する『いかなる時でも，いかなる利用可能な情報を完全に反映した』(E.Fama[1970]p.383) 市場であれば，情報トレーダーは情報で収益を得ることができない。効率的市場仮説が真実で，または情報に費用がかかるときに競争的市場は崩壊することになる。誤差項 $(\sigma_\varepsilon^2) = 0$ または取引分散 $(VarX)$ ＝0 のとき観察可能係数 (θ) と価格はすべて情報を反映している。このような

---

　3) 　Grossman & Stiglitz[1980] p 77.

第Ⅲ部　非効率的市場の証券理論

ことが起きると，競争的市場においては情報に対してなんら費用を支払わない非情報トレーダーと同様に情報トレーダーも情報を得るための支払いをしないであろう。それゆえ，ある情報が存在することは均衡していないのである。逆にいかなる情報が存在しないことは均衡していない。なぜなら，それぞれのトレーダーは，価格が与えられれば，情報によってもたらされた利益の存在を感じることになる[4]。効率的市場の理論家は費用がかからない情報が利用可能な情報を完全に反映した価格にとって十分条件であると認識しているようである。」

4　流動性モデル

(1)　カイル・モデル

以下，【図表10-3】でカイル・モデルの仕組みを概観してみよう。グロスマン&スティグリッツ・モデルと異なり市場の流動性が重要視されている。

情報の非対称性下，流動性モデル（カイル・モデル）[1985]はリスク中立的な世界を前提に，外部のトレーダー（流動性トレーダーと情報トレーダー）の集計された注文フローをマーケット・メーカーが単一の価格をつけて，すべての取引を成立させる，一括売買システムを想定している。マーケット・メーカーは注文フローに対して市場でクリアーするために価格を決定する。この過程で情報トレーダーとマーケット・メーカーによる戦略に関してはナッシュ・ベイジアン均衡（NBE）が適用される[5]。

---

[4]　これがまさに Grossman & Stiglitz のいう情報のパラドックスである。突き詰めれば「無取引」の状態になる。

[5]　Kyle[1985]は時間的な拡張，すなわち逐次オークション，さらに連続オークションから展開するが，本質的含意は変わらないので，単一期間の基本モデルで説明をする。

第 10 章　マーケット・マイクロストラクチャー

【図表 10-3】カイル・モデルの仕組み

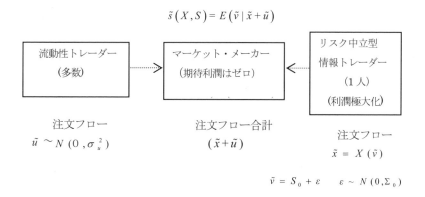

上記図表を箇条書きで説明する。

① 複数の流動性トレーダー（非情報トレーダーである）は流動性需要から注文量 $\tilde{u}$ を出す。$\tilde{u} \sim N(0, \sigma_u^2)$ である[6]。

② リスク中立型の情報トレーダーはリスク資産の期末価値 $\tilde{v}$ という私的情報 $\tilde{v} \sim N(P_0, \Sigma_0)$ を持つ。また注文量 $\tilde{u}$ と期末価値 $\tilde{v}$ を観察して期待利潤最大となる戦略的注文量 $\tilde{x} = x(\tilde{v})$ を決める。

③ マーケット・メーカーは注文フロー $\tilde{X} = (\tilde{x} + \tilde{u})$ から市場をクリアーするような価格 $\tilde{S} = S(\tilde{x} + \tilde{u})$ を決定する。ベルトランド競争下，期待利潤はゼロである。

以上からカイルは均衡解を求めた[7]。

---

6) Kyle[1985]ではランダム・ノイズ・トレーダーと呼んでいる。しかし，ランダムに流動性需要を出すので流動性トレーダーとした。
7) 均衡解の導出は Kyle[1985]または佐藤[2003]を参照。

145

第Ⅲ部　非効率的市場の証券理論

$$\tilde{x} = x(\tilde{v}) = \beta(\tilde{v} - S_0) \tag{10.11}$$

$$\tilde{x} = S(\tilde{x} + \tilde{\mu}) = S_0 + \lambda(\tilde{x} + \tilde{\mu}) \tag{10.12}$$

$$\lambda = \frac{1}{2}\sqrt{\Sigma_0 / \sigma_u^2}$$

(2)　モデルのインプリケーション

「市場の厚さ」を示す λ（ラムダ）は流動性トレーダーの σ_u^2 と情報トレーダーの Σ_0 の相対的な比率により決定される。もし λ が低ければ市場は非常に流動的である。なぜなら低い λ によって影響を受ける追加的注文フローの価格インパクトは情報トレーダーをより積極的にさせる。この λ は「Kyle の λ」といわれている。

(10.11)と(10.12)は流動性を含めた情報の非対称性下の価格付けとして画期的であるといわれている。

5　逐次売買モデル

上記 2 つのモデルは一括取引モデルである。しかし，証券価格の過程を詳細に記述していないともいえる。REE のもとで需要はかならず供給に一致するとの前提はアスク（買値）とビッド（売値）の差であるスプレッドを提示できない。このスプレッドを明示できるのは NASDAQ の価格駆動型に対応するフレームワークである。このフレームワークを用いた逐次取引モデル（sequential trade model）はコーペランド&ガライ [1983]により本格的に定式化させ，情報をベースにスプレッド価格から期待損益を単純に均衡化させた。ゴステン&ミルグロムモデル [1985]は以下のように，さらに精密化した逐次取引モデルを構築した。

(1) ゴステン&ミルグロム・モデル

　市場参加者としてトレーダーはすべてリスク中立的の情報トレーダーと流動性トレーダーでありマーケット・メーカーは彼らの売買注文に対して，条件付期待に等しいアスク（ask）&ビッド（bid）を提示する。そこで，まず取引の確率的構造を【図表10-4】で示す。

　【図表10-4】に基づいて投資家のアスク（買値気配：a_1）とビッド（売値気配：b_1）は以下のように展開される。

$$a_1 = v_L\{(1-\theta)(1-\phi)\gamma^B\} + v_H\{\theta\phi + \theta(1-\phi)\gamma^B\} \tag{10.13}$$

$$b_1 = v_L\{(1-\theta)\phi + (1-\theta)(1-\phi)\gamma^S\} + v_H\{(1-\phi)\gamma^S\} \tag{10.14}$$

　さらに【図表10-4】から $v_H = 1$，$v_L = 0$ としよう。そのときのスプレッド 0 は以下のとおりとなる。

$$a_1 - b_1 = \theta\{\phi + (1-\phi)(\gamma^B - \gamma^S)\} \tag{10.15}$$

【図表10-4】取引の確率的構造

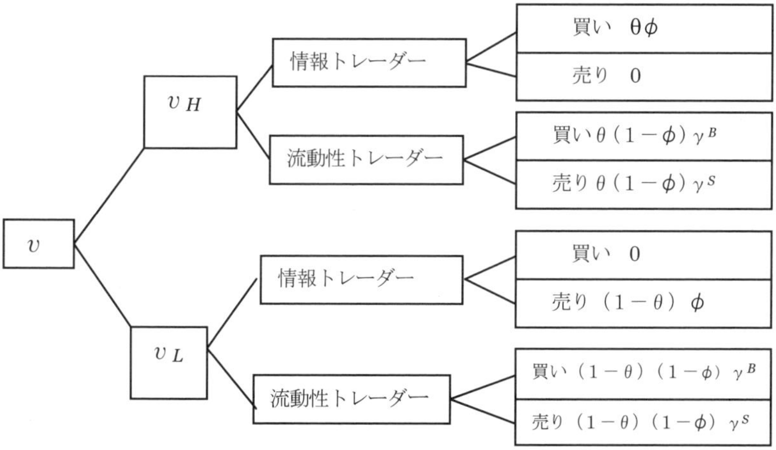

第Ⅲ部　非効率的市場の証券理論

θ：良いシグナルでよい株価が u_H となる確率，$1-\theta$：悪いシグナルで株価が u_L となる確率，ϕ：情報トレーダーの確率，$1-\phi$：流動性トレーダーの確率，γ^B：流動性トレーダーの買う確率，γ^S：流動性トレーダーの売る確率

資料：O'Hara, M. [1995]p.63,Figure3.1 に基づき作成。

(2)　モデルのインプリケーション

θを所与として，ゴステン＆ミルグロム・モデルの基本モデルを短期的なスプレッド（$=a_1-b_1$）についてみてみよう。いまϕが小さいと情報トレーダーの比率が小さいことを意味するので，流動性トレーダーは情報があまり分からないので$\gamma^B=\gamma^S$すなわち 1/2 となる傾向に働くこととなり，スプレッドは小さくなる。逆にϕが大きいと情報トレーダーの比率が大きいことを意味するので，（$\gamma^B-\gamma^S$）にかかわらずスプレッドは大きくなる。さらにスプレッドが拡大すると，最終的には取引が行われないことになる。情報が多く出回ると売買ができない，すなわち，逆選択の問題を惹起する。

まとめ

本章は基本的なマーケット・マイクロストラクチャー・モデルとして在庫モデル，情報の非対称性モデル，流動性モデル，逐次売買モデルについて説明した。これらのモデルをもとにトレーダーの最適売買取引の方法（例えば大口取引と小口取引，クラッシュ分析）の探求がなされていた。ところが，近年，証券市場では大半の取引が高頻度取引（第3章3(2)）となり，従来と異なった高頻度取引マーケット・マイクロストラクチャー研究も盛んに行われている。特にインパクト・モデルが注目されるようになった。このインパクト・モデルは微小なマーケット・インパクトを理論的に説明するモデルである[8]。

ペロルド（Perold）[1988]はマーケット・インパクトについて実際の価格から計算される想定上の損益と執行後に判明する実際の損益のかい離からなるイ

8）最近のマーケット・インパクトの動向は佐藤［2015］を参照。

148

ンプリメンテーション・ショートフォール（IS）であると定義した。

ホルトハウゼン，レフトウィッチ，マイアーズ（Holthausen, R.,Leftwich, R.&Myers,D.）は金融商品が短期的な変化に伴う「短期的（一時的）インパクト（temporary impact）」と売買のシグナリング効果による「長期的（恒久的）インパクト（permanent impact）」に区分した。またアルムグレン＆クリス（Almgren,R.&Chriss,N.)[2001]は投資戦略の視点から，マーケット・インパクトと取引コストと結びつけた。

最後に，マーケット・マイクロストラクチャー理論の主導者のオハラ[2009]とカイル[2014]等は高頻度取引マーケット・マイクロストラクチャーにおけるノイズ・トレーダーの再検討を行っていることも特筆に値する。

参考文献

Almgren, R.,Chriss,N.[2001] "Optimal Execution of Portfolio Transactions, " *Journal of Risk*5(3), 5-39.

Bloomfield,R.,O'Hara,M.,Saar,G.[2009]"How Nois Trading Affects Markets: An Experimen -tal Analysis"*Review of Finance Studies* 22(6),2275-2302.

Brunnermerier,K.M.[2001]*Asset Pricing under Asymmetric Information,* Oxford UK

Copeland,T.,Galai,D.[1983] " Information Effects and the Bid-Ask Spread," *Journal of Finance* 38(5),1457-1469.

Constantinides,G.M.,Harris,M.,Stulz,R.(eds.)[2003]*Handbook of the Economics of Finance,* Elsevier B.V. Amsterdam. （加藤英明監訳[2006]『金融経済学ハンドブック』丸善）

Demsetz,H.[1968] "The Cost of Transacting," *Quarterly Journal of Economics* 82,33-53.

De Jong,F.,Rindi,B.[2009]*The Microstructure of Financial Markets*, Cambridge University Press, N.Y.

Fama,E.F.[1970] "Efficient Capital Markets, " *Journal of Finance* 25(2),383-417.

Easley,D.,M.O'Hara,M.[1995]"Market Microstructure", in **Jarrow.et al .eds.,***Finance*, Elsevier -North-Holland. （今野浩,古川浩一監訳[1997]『ファイナンス』第12章 350-351,朝倉書店）

Easley,D.,O'Hara,M.[2003] " Microstructure and Asset Pricing, " in **Constanti-nides et al. (eds.) [2003]** 1021-1051.

Glosten,L,Milgrom,P.[1985] "Bid,Ask and Transaction Price in a Specialist Market with Hetero -geneously Informed Traders, "*Journal of Financial Economics* 13,71-100.

Grossman,S.J.[1976]"On the Efficiency of Competitive Stock Market Where Trades Have Diverse Information," *Journal of Finance* 31(2),573-585.

Grossman,S.J.,Stiglitz,J.E.[1980] "On the Impossibility of Informationally Efficient Markets, " *American Economic Review* 70,393-408.

Hayeke,F.H.[1945]"The Use of Knowledge in Society," *American Economic Review* 35(4),519-530.

Holthausen, R.,Leftwich,R.,Myers,D.[1987]"The Effect of Large Block Transactions on Security Prices: A Cross-Sectional Analysis," *Journal of Financial Economics* 19(2), 237-268.

Kyle,A.S.[1980] " Continuous Auctions and Insider Trading, " *Econometrica* 53,1315-1336.

Kyle,A.S.,Obizhaeva,A.A,Wang,Y.[2014] "Smooth Trading with Overconfidence and Market Power",1-71 December 23, 2014. *Robert H. Smith School Research Paper* No. RHS 2423207.

Milgrom,P.,Stokey,N.[1982] " Information,Trade,andCommon Knowledge, " *Journal of Economic Theory* 26,17-27.

O'Hara,M.[1995] " *Market Microstructure Theory,* " Backwell ,MA.(大村敬一,宇野淳,宗近肇訳[1996]

『マーケットマイクロストラクチャー』きんざい)

O'Hara,M.[2014] "High Frequency Markets Microstructure," *discussion paper*,1-44.

Perold,A.F.[1988] "The Implementation Shortfall: Paper Versus Reality," *Journal of Portfolio Management*14(3),4-9.

Stoll,H.R.[1978]"The Supply of Dealer Services in Securities Markets," *Journal of Finance* 33, 1133 -1151.

Vives,X.[2008]*Information and Learning Markets,* Princeton University Press,N.J.

大村敬一,宇野淳,川北英隆,俊野雅司編[1998] 『株式市場のマイクロストラクチャー』日本経済新聞社

佐藤猛[2003]「マーケット・マクロストラクチャーにおける基本的情報ベースモデルの展開－米国1987 年10月クラッシュを視座に（2）－」『商学集志』第73巻(3/ 4)号1-18　日本大学商学部商学研究会

佐藤猛[2004]「情報ベースモデルによるクラッシュのシナリオ－米国1987年10月クラッシュを視座 に(3)－」『商学集志第』第73巻3/4号19-38　日本大学商学部商学研究会

佐藤猛[2005]「市場流動性モデルからの米国1987年10月クラッシュに関する示唆（Ⅰ）」『商学集志』 75(1)15-32　日本大学商学部商学研究会

佐藤猛[2008]『証券市場の基礎理論』税務経理協会

佐藤猛[2015]「インパクト・モデルによるクラッシュ分析の進展」『商学集志』第85巻1/2号 1-19 日本大学商学部

芹田敏夫[2000]「証券市場のマイクロストラクチャー」(筒井義郎編『金融分析の最先端』第10章 273-310,　東洋経済新報社)

第11章　行動ファイナンス

　ファンダメンタルズやマーケット・マイクロストラクチャーのモデルは均衡理論である。こうした考え方に対して，ケインズの一般理論において投資に関する美人投票論（beauty contest），すなわち，投資は心理（慣習）が重要であるとの主張がなされた。またサイモン（Simon,H.A.）[1955]が主張する限定的合理性も根強い支持を得た。これらの主張はファンダメンタルズへの反論の基本的な根拠となった。さらにシラーのボラテリティ・テストの実証研究を嚆矢にして，市場の効率性が現実の証券市場では適合できないとの見解が多く提出された。

　このような潮流は証券市場での行動ファイナンス理論を確立させた。行動ファイナンス理論とは投資心理で動く投資行動を中心とした証券理論である。この証券理論には2つのアプローチがある。

　まず，シュライファー（Shleifer,A.）[2000] 等を中心にファンダメンタルズにノイズ取引[1]を導入した理論モデルである。このモデル群はノイズ・トレーダーの出現[2]により市場が非効率となることを証明するノイズ・モデル，ファンドの契約から裁定取引が制約されるモデル，そして過剰反応モデル，等がある。

　次に，認知科学から投資心理を解析したカネーマン（Kahneman et al.）[1982]を中心とした記述モデルがある。この一部は既述したプロスペクト理論である。この2つの理論モデル群を本章では説明をしていく。

---

1)　ノイズ取引とはブラック（Black,F.[1986]p531）に従えば，「市場において情報が何もない状況の中で，あたかも情報があったように取引をする」と定義する。
2)　行動心理は認知科学では説明できるものであり，ファンダメンタルズに依拠しないという意味で非合理的投資家ともいわれる。

151

第Ⅲ部　非効率的市場の証券理論

1　ノイズ・モデル

ここではデロング,シュライファー,サマーズ&ワルドマン（DSSW：Delong, Shleifer,Summers&Waldmann）[1990]の世代重複モデルによるノイズ・モデルを紹介する。

(1)　DSSW モデル

前　提

① モデルは世代重複モデルである。

② トレーダー（効用最大化志向）

t 期にノイズ・トレーダーで n 割合 ϕ，合理的期待トレーダー(=アービトレージャー) i の割合 $1-\phi$ である。

③ 資産:無リスク資産 s で実質配当 r （＝無リスクレート）とリスク資産 u で実質配当 d_t である。s は基準化1 である。そして t 期の u の価格を S_t とする。そして将来割引率が等しければ s と u は等しい（すなわち，リスク中立型の世界を想定する）ので s と u は完全代替性があるとする。

④ 効用関数の最大化を投資家は志向する。$U = -e^{-2aw}$

w は年をとった時の富，a は ARA（絶対的危険回避度）

⑤ t 期に若い代表的な合理的な投資家はリスク資産（株式）を持つことで得られるリターンの分布を正確に認識する。逆に，若い代表的なノイズ・トレーダーはリスク資産の期待価格を独立で同一の分布をした正規確率変数 ρ_t であると誤認する。

$$E_t^n(S_{t+1}) = E_t^s(S_{t+1}) + \rho_t \quad \rho_t = \overset{*}{\rho} + \eta_t \quad \eta_t : i.i.d.N(0,\sigma_\eta^2) \tag{11.1}$$

誤認された平均 ρ^* はノイズ・トレーダーの強気（bullishness）の尺度をあらわし，ノイズ・トレーダーの信念のうち不確実性 η は時間と無相関である。

152

導 出

グロスマン&スティグリッツ・モデルと同様な標準形から各トレーダーの需要 (X_t^i, X_t^n) は以下のように表現できる。

$$X_t^i = \frac{d^* + E_t S_{t+1} - S_t(1+r)}{2a(_t\sigma_{S_{t+1}}^2)}$$

(11.2)

$$X_t^n = \frac{d^* + E_t S_{t+1} - S_t(1+r)}{2a(_t\sigma_{S_{t+1}}^2)} + \frac{\rho_t}{2a(_t\sigma_{S_{t+1}}^2)}$$

市場では基準化により $X_t^i(1-\phi) + X_t^n\phi = 1$ であるので, 均衡価格は以下のようになる。

$$S_t = \frac{1}{1+r}\left[d^* + E_t S_{t+1} - 2a(_t\sigma_{S_{t+1}}^2) + \phi\rho_t\right]$$

(11.3)

そこで, 定常状態の前提（S_{t+1} と S_t の分布が同じである）を加えて, 逐次的に 1 期先の分布は消去して, $_t\sigma_{S_{t+1}}^2 = (\phi^2\sigma_\rho^2)\big/(1+r)^2$ を用いると以下のような DSSW[1990] モデルを得る[3]。

$$S_t = 1 + \frac{\phi(\rho_t - \rho^*)}{(1+r)} + \frac{\phi\rho^*}{r} - (2a)\frac{\phi^2\sigma_\rho^2}{r(1+r)^2}$$

(11.4)

(11.4) において 1 の定数を除く第 1 項はノイズ・トレーダーの誤認の大きさを示す。この誤認が大きくなれば価格変化は大きい。第 2 項はリスク中立型のファンダメンタル・バリューからのかい離を示す。第 3 項はノイズ・トレーダーが弱気になって価格が下落にさせるリスクの合理的投資家の負担を示す。

(2) モデルのインプリケーション

彼らは均衡市場ではノイズ・トレーダーがいないのでリスク資産（株式）はリスク中立型のファンダメンタル・バリューと一致するから常に代替性がある。ところがノイズ・トレーダーが出現すると, リスク資産（株式）の価格は彼ら

---

3) 詳しい展開は拙稿[2007]を参照。

第Ⅲ部　非効率的市場の証券理論

の第 2 期のリスク資産の価格に対する ρ（強気か弱気）の投資に依存するのでファンダメンタル・バリューに一致しない。

　このことは無リスク資産がファンダメンタル・バリューで評価されなくなることを意味する。すなわち代替性がなくなる。こうしたリスクを「ファンダメンタル・リスク」という。証券市場ではこのようなファンダメンタル・リスクが存在するので証券市場では裁定取引ができない。これは市場が効率的でないことを意味する。

2　裁定の制約

　シュライファー＆ヴィシュニー（SV：Shleifer,A.,Vishny,R.W.）[1997]は以下のような見解に立脚して SV モデルを構築した。伝統的なモデルにおいてはある証券の伝統的アービトラージは多種多様な投資家がそのミスプライシングに対して小さなポジションにより行われる。例えば，ファーマ[1965]の古典的な効率市場の分析やチェン，ロール＆ロス[1986]の裁定価格理論（APT）がまさにこうした事例に当てはまる。

　しかし，現実には裕福層，銀行，年金（endowments），個々の市場の限られた知識しか持たないその他の投資家からの資金は専門化された知識を持つリスク・アービトラージャー（以下，アービトラージャー ）が運用する。このアービトラージ活動はエージェンシーのコンテクストの中では資源と知識の分離が重要なインプリケーションを持っている。

(1)　シュライファー＆ヴィシュニー・モデル

　そこで彼らはモデルのエッセンスは（11.5）で表現できる。

$$F_2 = F_1 - aI_1\left[1 - (S_2/S_1)\right] \tag{11.5}$$

S_t：株価　F_t：アービトラージャーは管理下の累積的な借入金を含めた資源

第 11 章　行動ファイナンス

I_t：アービトラージャーが資産へ投資する額

a：過去のパフォーマンスに対する運用ファンドの感応度　$a\geq1$

$\{I_1(S_2/S_1)+(F_1-I_1)\}$：ファンドの粗リターン

(2)　モデルのインプリケーション

悪いパフォーマンスの報酬は良いパフォーマンスの報酬に比べそれほど厳しくはない。こうした環境下ではアービトラージャーは第 2 期のための資金を備えるよりもむしろ第 1 期でフルインベストメントすることを選ぶであろう。よって，フルインベストメント（当初から管理資産のすべてを投資に回す）の場合を想定すると，以下のことが予想できる。

①　$S_1= S_2$ であれば当然，アービトラージャーのリターンはゼロであり，

ファンド運用の損得はない。

②　$S_1< S_2$ のときファンドは利益が出る。このとき，F_2 はプラスとなり資

金が投入される。

③　$S_1> S_2$ のときファンドは損失で F_2 はなく決済される。

$a =1$ の場合はアービトラージャーの少しの損失でも資金は得られない。

$a >1$ の場合のパフォーマンスが悪ければファンドは引き揚げてしまう。

このため，アービトラージャは価格がファンダメンタルズを下回っても裁定取引ができず，清算に追い込まれる。このように投資家の PBA（Performance Based Arbitrage）はアービトラージ（裁定取引）を制約することになる。

このように市場における機関投資家のアービトラージャーは制約を伴っているので，株価はファンダメンタルズによって決まらないことを示唆している。

第Ⅲ部　非効率的市場の証券理論

3　過剰反応モデル

バベリース，シュライファー&ヴィシュニー（BSV：Barberis,N.,Shleifer,A. &Vishny,R.）[1998]モデルについて説明する。

(1)　バベリース，シュライファー&ヴィシュニー・モデル

① ファンダメンタル・バリューN_t/δ（利益は配当としてすべて支払われ

る）に加えマルコフ・スイッチング$y_t\mathbf{P}$に従う。

$$S_t = \frac{N_t}{\delta} + y_t\mathbf{P} \tag{11.6}$$

$\mathbf{P}$：推移確率行列

② スイッチング・レジームはy_tによる。

モデル1（s_1）：平均回帰的レジーム　　　　　（元に戻る傾向）

モデル2（s_2）：利益トレンド的レジーム（そのまま継続する傾向）

③ マルコフ過程
価格系列(または確率過程)はマルコフ過程をとる[4]。

(2)　モデルのインプリケーション

グッド・ニュースが連続した次の時点の期待収益はバッド・ニュースが連続した次の時点の期待収益よりも低い。よって

$$E_t(S_{t+1} - S_t \mid y_t = y_{t-1} = \cdots y_{t-j} = y) \tag{11.7}$$
$$-E_t(S_{t+1} - S_t \mid y_t = y_{t-1} = \cdots y_{t-j} = -y) < 0$$

---

4) 未来の状態（の確率）が過去の状態によらず現在の状態のみで決まるような確率過程をいう。

が成立する。

　この現象を BSV は過剰反応であるとした。この意味はグッド・ニュースが続くと投資家は将来もグッド・ニュースが続くと考えるため，証券価格は過剰に高くなる。しかし，その後のニュースは投資家の期待に反する可能性が高く，そのため期待収益は小さくなる。いま，q_t をモデルで生成された平均回帰的への可能性の確率と定義して，BSV と同様な方法でシミュレーションをすると【図表 11-1】の結果を得た。

【図表 11-1】BSV モデルのシミュレーション

t	yt	qt	t	yt	qt
0	+	0.50			
1	—	0.80	11	—	0.87
2	+	0.90	12	+	0.92
3	—	0.93	13		0.93
4	+	0.94	14	+	0.94
5	+	0.71	15	+	0.71
6	—	0.88	16	+	0.47
7	—	0.64	17	+	0.31
8	—	0.85	18	—	0.72
9	+	0.92	19	+	0.88
10	+	0.69	20	+	0.64

4　記述モデル

　このモデルの基本概念はサイモンの投資家の「限定合理的性」，認知科学の投資の「心理」，ケインズの「慣行」「アニマル・スプリット」である。こうした行動は投資をする際には納得できるもので，行動ファイナンスと呼ばれている。

(1)　記述モデル（心理的アプローチ）の分類

　具体的な投資に関して心理の影響をシェフリン(Shefrin,H.)[2002]に従って区分すると以下のとおりである。

ヒューリスティックス

無意識的で経験則で試行錯誤する過程という。具体的には以下のものがある。

①　スキーマ（代表性）(skimmer: representativeness)

第Ⅲ部　非効率的市場の証券理論

② 過信（overconfidence）

③ アンカーリング・保守性（anchoring・conservativeness）

④ 曖昧さへの忌避（ambiguity aversion）

フレーム依存性

意識的で認知的側面と感情的側面があり，意思決定を説明するために使われるフレームである。具体的には以下のものがある。

① 損失回避－プロスペクト理論

② メンタル勘定（mental accounting）

③ セルフ・コントロール（self-control）

④ 後悔回避（avoiding regret）

⑤ 貨幣錯覚（money illusion）

⑥ ライフサイクル（life cycle）

(2)　記述モデルの事例

シェフリン＆スタスマン（Shefrin,H.&Staman,M.）[1984&1985]の事例を紹介する。

投資家が現金配当を好む理由

① フレーミング：配当とキャピタル・ゲインの性格に違いがある。

② セルフ・コントロール：将来の資金をいま消費しないために，配当で消費する。

③ 後悔回避：配当金を用いて物を購入すれば，今後の株式の動向において後悔をしない。

④ ライフサイクル：年配者は配当を好む。

値上がり株と値下がり株の対応

① プロスペクト理論：損失を忌諱する傾向がある。

第 11 章　行動ファイナンス

② メンタル勘定：損失を精算するためのメンタル勘定を持つのが難しい。

③ 後悔回避：値下がり株が将来，値上がれば後悔するから売却しない。

④ セルフ・コントロール：所得税を調整するために12月まで損失は延期す
べしとのコントロールが働いている。

まとめ

　非効率的市場仮説を前提とした2つのアプローチによる行動ファイナンスを
説明したが，証券理論の体系から価格付け理論を志向するシュライファーのア
プローチの行動ファイナス・モデルを支持したい。

　さらにハーシュライファー（Hrishleifer,D.）が提示した[2001]伝統的ファイ
ナンスと行動ファイナンスとの間の相互批判について言及しておこう（【図表
11-2】参照）。こうした相互批判もあるが，逆に融合の動きもある。例えば，フ
ァンダメンタルズと心理モデルを合わせて証券理論も開発されている。さらに
投資家の区分としてファンダメンタルズと当然もつべき人間の心理を含めスマ
ート・インベスター（smart investor）という概念も誕生している。行動ファイ
ンナンスの主導者の1人であるセイラー（Thaler,R.H.）[1999]は「今後，モデ
ルの中に実際の世界で観察された行動ファイナンスを具体的に組み入れること
が重要である」と主張している。今後の動向に注視していきたい。

【図表11-2】2つのアプローチ相互批判

行動ファイナンスへの批判	伝統的ファイナンスへの批判
①心理的バイアスに根拠がない	①合理性はかなり厳しい制約である
②事後的に心理的バイアスに合うように理論化	②実証的結果は合理的行動を支持しない
③心理のモデルには予測力がない	③リターンの予測性には疑問がある

資料：Hrishleifer[2001]（同訳書176頁）

第Ⅲ部　非効率的市場の証券理論

参考文献

Barberis,N.,Shleifer,A.,Vishny,R.[1998]"A Model of Investor Sentiment," *Journal of Fianancial Economics* 49(3),307-345.

Black,F.[1986] "Noise,"*Journal of Finance* 41(3),529-543.

De Long.B,.Shleifer,A.Summers,L.,Waldmann R. [1990] "Noise Trader Risk in Financial Markets,"*Journal of Political Economy*98,703-28.

Kahenman,D.,Tversky,A.[1979]"Prospect Theory: An analysis of decision under produres, " *Econometrica* 47,263-291

Kahneman,D.,Slovic,P.,Tversky,A.[1982]*Judgment Under Uncertainty: Heuristics and Biases.* Cambridge University Press,N.Y.

Hrishleifer,D.[2001]"Investor Psyhology and Asset Pricing, "*Journal of Finance* 56(4) , 1533-1597.

Simon,H.A.[1955] "A Behavioral Model of Rational Choice, " *Quarterly Journal of Economics* 69(1), 99-118.

Shleifer,A andR.W.Vishny[1995]"Limit to Arbitrage,"*Journal of Finance* 52,35-55.

Shleifer,A.[2000]*Inefficient Markets*,Oxford University Press,N.Y.（兼広崇明訳[2001]『金融バブルの経済学』東洋経済新報社）

Shefrin,H.,Staman,M.[1984]"Explaining investors preference for cash dividends,"*Journal of Financial Economics* 13,253-282.

Shefrin,H.,Staman,M.[1985]"The disposition to sell winners too early and ride loses too long : Theory and evidence," *Journal of Finance* 40,777-790.

Shefrin,H.[2002]*Beyond Greed and Fear*,Oxford University Press. N.Y.（鈴木一功訳[2005]『行動ファイナンスと投資の心理学』東洋経済新報社）

Thaler, R.H.[1999]"The End of Behavioral Finance,"*Financial Analysts Journal*,　Nov /Dec,12-17.

加藤英明[2003]『行動ファイナンス』朝倉書店

佐藤猛[2006]「プライシング・モデルにおけるファンダメンタルズと行動ファイナンスの融合－米国1987年10月クラッシュを視座から－」『商学集志』第76巻第3号1-18　日本大学商学部商学研究会

佐藤猛[2007]「DSSW モデルによるクラッシュ究明－米国1987年10月クラッシュを視座に－」『商学集志』第77巻第3号1-10　日本大学商学部商学研究会

佐藤猛[2008]『証券市場の基礎理論』税務経理協会

城下賢吾[2002]『市場のアノマリーと行動ファイナンス』千倉書房

竹田聡[2009]『証券投資の理論と実際－MPT の誕生から行動ファイナンスへの理論史』学文社

俊野雅司[2004]『証券市場と行動ファイナンス』東洋経済新報社

第12章　太い尾とフラクタル

　フリードマンが主張する実証的経済理論は時系列金融（株式）データを分析可能にするため平均やバラつきを均一させる，いわゆる定常性を前提とする。しかし，実際のデータがこの前提を充足するとは限らない。そうした定常性の破れとして，分散が一定でない場合（または非正規分布）と自己相関が一定でない場合について考える。金融データに関する分散の問題を太い尾の分布とアーマ（ARMA）モデルから展開する。また自己相関に関係して長期記憶性を持ったハースト係数を利用したマンデルブロ（Mandelbrot,B.）が開発したフラクタル理論を論じる。さらに確率過程を形成しないカオス理論についても言及する[1]。

1　太い尾

　ここでは金融資産（株式，株価指数）が非正規分布，すなわち分散が一定でない太い尾の分布になるとそのオプション取引はボラティリティ・スマイルが生じることがわかった。そこで，さらに金融資産のボラティリティの変動について時系列分析を紹介する。これがアーマ（ARMA）モデルから発展したアーチモデル，ガーチ（GARCH）モデルである。

(1)　太い尾

マンデルブロ

マンデルブロ[1963]は株価の変化の分布は正規分布ではなく，綿花や為替と同

---

　1)　本来，複雑系はカオス過程と反対の立場にある。なぜならば複雑系は単純化のパターンを生み出すので，その意味でアンチカオスである(Sprott［2003］p.381)。

様に太い尾(ファット・テイル)の分布になると主張した。この分布は中心が急尖的(leptokurtic)であり、裾野の厚みが大きい(【図表12-1】参照)。これは金融資産が予想外のイベント(タレブの「ブラック・スワン」)が起きる確率が高いことを意味する。

　この分布を表わすにはモーメント(確率変数にその期待値の差)でいえば正規分布は1次のモーメントの平均と2次のモーメント(モーメントの2乗)の分散により正規分布(ベル・カーブ)の特性を示すことができる。非対称性は平均からのズレの3次のモーメントの歪度、太い尾は4次のモーメントの尖度で示すことができる[2]。

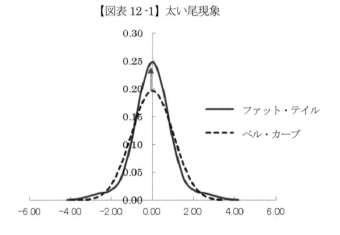

【図表12-1】太い尾現象

---

2) 一般性のある分布は統計的にはレビ(Lévy)の「安定分布(stable distribution)」と呼ばれる。その分布は、 δ: 位置パラメータ[平均]、γ: 規模パラメータ[分散]、β: 歪度パラメータ、α: 太い尾パラメータ[尖度]、から構成されている。なお、$\alpha=2$、$\beta=0$、$\gamma=1$のとき正規分布となる。

ボラティリティ・スマイル

1987年以降，オプション取引市場ではボラティリティ・スマイル（またはボラティリティ・スキュー）現象が現れることが確認された。これはオプション取引の行価格から離れる程にボラティリティが上昇する現象である。

このことを確認するために，オプション取引の対象となる金融資産（株価指数）について，4モーメントの尖度（kurtosis）が3以外の数値の分布，いわゆる太い尾の分布を作成して，そのオプション価格のボラティリティ（変動率）をシミュレートした。この結果，【図表12-2】のようなボラティリティ・スマイル現象が現れた[3]。

これは金融資産（株価指数）が正規分布を前提としたボラティリティ一定のB-Sモデルから逸脱して両側裾野の分布が幅の広いファット・テイル（fat tail）に変化したことによる。これによりB-Sモデルの修正も余儀なくされた[4]。

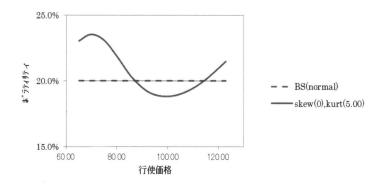

【図表12-2】ボラティリティ・スマイル

---

[3] 図表の作成に当たってはJackson&Staunton[2003]の添付ソフトを利用した。
[4] 直接にB-Sモデルに変更を加えることも考えられる。これを確率的ボラティリティ・モデル（例えばHestonモデル）という（佐藤[2009a]参照）。

第Ⅲ部　非効率的市場の証券理論

(2)　アーマ（ARMA）モデルからの展開

ここでは B-S モデルの修正についての問題の所在はオプション取引対象の金融資産の時系列データの分散の分析である。そこでその分散の統計的時系列モデルの展開が必要となった。

定常過程

まず金融データで広く利用される定常過程とは時系列データ（株価収益率）$\{x_t\}$ のうち $E\{x_t^2\}$ が存在して

$$E(x_t) = \mu \quad (t \text{に関係なく一定})$$

$$Var(x_t) = \gamma(0) \quad (t \text{に関係なく一定})$$

$$Cov(x_t, x_{t-h}) = \gamma(h) \quad (\text{自己共分散が一定})$$

の条件を充足しているときである。

そこで定常過程を確認するため，平均や分散に加え無限個の自己相関を調べる必要がある。アーマ・モデルを用いると有限個のパラメータから自己相関を調べることができる。

アーマ（ARMA）モデル

アーマ（ARMA：自己回帰移動平均）モデルは自己回帰（AR）過程と移動平均（MA）過程との結合である。u_t は誤差項である。

$$\text{AR モデル：} \quad x_t = \mu + \sum_{i=1}^{p} a_i x_{t-i} + u_t = \mu + a_1 x_{t-1} + a_2 x_{t-2} + \cdots + a_p u_{t-p}^2 + u_t \tag{12.1}$$

上記式は p 次なので AR（p）で表わされる。AR(1)を示せば以下のとおり。

$$x_t = \mu + a\, x_{t-1} + u_t$$

164

第 12 章　太い尾とフラクタル

$$\text{MR モデル}: \quad x_t = \mu + u_t - \sum_{j=1}^{q} b_j u_{t-j} = \mu + u_t + b_1 u_{t-1} - b_2 u_{t-2} - b_q u_{t-q} \tag{12.2}$$

上記式は q 次なので MA (q) で表わされる。MA(1) を示せば以下のとおり。

$$x_t = \mu + u_t - b_1 u_{t-1}$$

$$\text{ARMA モデル}: \quad x_t = \mu + \sum_{i=1}^{p} a_i x_{t-i} + u_t - \sum_{j=1}^{q} b_j u_{t-j} \tag{12.3}$$

上記式は AR (p) と MA (q) を結合させたもので, ARMA (p,q) で表記される。

いま ARMA(1,1)を示せば以下のとおり。

$$x_t = \mu + a_1 x_{t-1} + u_t - b_1 u_{t-1} \tag{12.4}$$

そこで ARMA $(1,1)$ の例から, 以下の条件を示す[5]。

① 定常過程　$|a_1| < 1$

② 反転可能性の条件　$|b_1| < 1$

③ h 次の自己相関 $\rho(h)$
$$\rho(h) = a_1 \rho(h-1) = a_1^{h-1} \rho(1)$$

ところが, 特に③については「短期記憶性」として時間間隔が大きくなるにつれて急速に観測値間の相関係数が 0 に収束する。すなわち $h \to \infty$ のとき指数的にはゼロへ収束する。

ガーチ（GARCH）モデル

ARMA モデルでは, 時系列データの残差(u_t)はホワイトノイズ $\sim N(0,1)$ が前提である。しかし, 実際の為替レートや株価などの金融資産の時系列データでは残差の分散は一様ではなく, 例えば, 株価はある期間の大きな上昇後, 逆に

5）矢島美寛［2003］105‐202 頁。廣松毅,浪花貞夫[1993]28‐37 頁。

165

第Ⅲ部　非効率的市場の証券理論

大きな下落が伴うことが知られている。そこでエンゲル（Engle,R.F.）[1982]
が提案したアーチ（ARCH：自己回帰条件付分散不均）モデルではAR（自己回
帰）過程で現在の分散を過去の分散に関係づけて，時系列データを分析した。

　その後，ARCH モデルを一般したガーチ（GARCH：一般自己回帰条件付不
均一）モデルがボラースルヴ（Bollerslev,T.）[1986]により提案された。

　いま，株式の収益率$\{x_t\}$（定常）について $x_t = \mu + u_t, \mu = E(x_t)$のとき，$u_t$は平
均株価収益率のかい離幅であり，確率変数である。この u_t を以下のように分散
（ボラティリティ）σ_t^2 と確率変数 $\varepsilon_t(i,i,d.)$の積過程に分解する。すなわち，$u_t = \sigma_t \varepsilon_t$とする。このとき分散 σ_t^2 について AR モデルの時系列で過去の分散に影
響を受けるモデルをARCH(p)モデルという。

$$\sigma_t^2 = \alpha_0 + \alpha_1 u_{t-1}^2 + \cdot\cdot\cdot + \alpha_p u_{t-p}^2 = \alpha_0 + \sum_{i=1}^{p} \alpha_i u_{t-i}^2 \tag{12.5}$$

　同様に分散 σ_t^2 について ARAM モデルの時系列で過去の分散に影響を受ける
場合をモデル化したものを GARCH(p,q)モデルをいう。

$$\sigma_t^2 = \alpha_0 + \alpha_i u_{t-1}^2 + \cdot\cdot\cdot + \alpha_p u_{t-p}^2 + \beta_1 \sigma_{t-1}^2 + \cdot\cdot\cdot + \beta_q \sigma_{t-q}^2 = \alpha_0 + \sum_{i=1}^{p} \alpha_i u_{t-i}^2 + \sum_{j=1}^{q} \beta_j \sigma_{t-j}^2 \tag{12.6}$$

　日経225t収益データについて小暮[1996]が計算した u_t ～ GARCH(1,1)モデ
ルの事例を紹介する[6]。

$$\tilde{x}_t = -0.0003 + \hat{u}_t$$
$$\sigma_t^2 = 0.0001 + 0.1135 u_{t-1}^2 + 0.8461 \sigma_{t-1}^2$$

こうした GARCH モデルをはじめとしてオプションのボラティリティの実

---

6)　u_{t-1}^2 の係数より σ_{t-1}^2 の係数がより大きいことは GARCH モデルの有効性を示し
　ている（小暮[1996]133 頁）。

166

証研究が盛んに行われ，現代では金融資産全般にわたっている。実証研究の中で，ボラティリティに対するショックの持続性が非常に高いことが知られている。これを GARCH 効果という。これは投資家の投資行動様式や行動ファイナンス様式が反映されていると推測できる。

また，オプション価格におけるボラティリティ・スマイル（特にスキュー）はボラティリティの非対称性から起きる。その非対称性を取り入れるために EGARCH（exponential GARCH）モデルも開発された[7]。

2　フラクタル

(12.4)の ARMA (1 ,1) の例においては「短期記憶性」があるので[8]，観測値間の相関係数を無視できないような長期記憶性を持つデータへの当てはまりはよくないことになる。この問題の解決はフラクタル・モデルによらなければならなかった。この考え方は特にクラッシュの場合には当てはまる。そこでフラクタル理論を展開する。さらに確率過程を形成しないカオス理論についても言及する。

(1)　フラクタル理論

ハースト指数
ハースト（Hurst）[1951]はダム建設にあたりナイル川の水位データ解析（662年から 1284 年までの年間）を行い，以下のような「長期記憶性」を式にまとめた[9]。

$$R^* = R/S = aN^H \tag{12.7}$$

$$\log R^* = \log R - \log S = \log a + H \log N$$

---

7)　多くの実証分析については三井[2014]がある。
8)　自己相関の統計的検定には Ljung/Box の統計量がある。
9)　Peters[1996](同訳書 78 - 82 頁)

第Ⅲ部　非効率的市場の証券理論

R^*：調整レンジ（adjusted range）またはスケール変換レンジ

N：観測期間の数　　　R：N期間の最高値と最低値

S：期間Nの標準偏差　　H：ハースト指数（またはスケール指数）

(12.7)についてR^*とハースト指数（H）との関係は

$$\begin{cases} H=0.5\cdots\cdot \text{ランダムウオーク（正規分布）} \\ 0.5<H\cdots\cdot \text{持続性（トレンド系列）} \\ 0.5>H\cdots\cdot \text{反持続性（平均回帰的）} \end{cases}$$

となる。

フラクショナル・ブラウン運動

　まずブラウン運動ではホワイト・ノイズの加法過程として表現され，スケール不変を前提にその分散は増分$\Delta B(t)$は$N(0, \Delta t)$である。

$$\left[\left|B(t_2)-B(t_1)\right|^2\right]=\left|t_2-t_1\right|^2=\left|\Delta t\right|^2 \qquad (\left|t_2-t_1\right|：\text{増分の分散})$$

マンデルブロはH（ハースト指数）の概念[10]を導入して，さらに一般化した。

$$\left[\left|B_H(t_2)-B_H(t_1)\right|^2\right]\sim\left|t_2-t_1\right|^{2H} \tag{12.8}$$

　そして（12.8）が成立する$B_H(t)$をフラクショナル・ブラウン運動であるとした。

　（12.8）において$B_H(t)$はブラウン運動$B(t)$の過去の(t)のすべての変位（displacement：分子の移動距離いう物理学上の用語）に依存することを意味する。これを非整数ブラウン運動という。

---

10)　より正確に言えばフラクタル次元（非整数をとる次元の総称）である。ただし，これらの次元はHに置き換えられる。

そして $B_H(0) = 0$ として $t = t_1 - t_2$ とすれば

$$\langle hB_H(t) \rangle = h^H \langle B_H(t) \rangle \tag{12.9}$$

が成立することを証明できる。

(12.9)は時間の間隔を h 倍にしたとき時系列 $B_H(t)$ の分布型が，大きさが h^H 倍になり，そのほかはもとの時系列 $B_H(t)$ の分布型と全く同じであることを意味する[11]。この性質を自己相似（または自己アフィン）という。マンデルブロはこの性格をフラクタル（fractal）と名づけた。縮尺のフラクタルを作ったのが【図表12-3】である。また典型的なフラクタルがゴッホ曲線【図表12-4】である[12]。

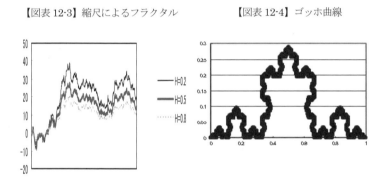

【図表12-3】縮尺によるフラクタル　　【図表12-4】ゴッホ曲線

(2) 株価のフラクタル性

ヨセフ効果とノア効果

マンデルブロ[2004]は株価が1つはヨセフ効果（Joseph effect）でトレンドと循環を持つ傾向をもつとする。ノア効果（Noah effect）では突然，劇的な反転

---

11) 矢島[2003]148-150頁。
12) 臼田他[1999] を参考に作成した。

をする傾向をいう。すなわちヨセフ効果により趨勢が累積されると、その反動が起きる。これがノア効果である。この2つの効果が相互作用しながらフラクタルとなって【図表12-5】に示したように長期的な株価趨勢を形成するとマンデルブロは考えた。

【図表12-5】フラクタルを伴う株価

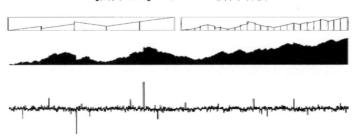

資料:Mandelbrot et al[2004]（同訳書230頁）

3 カオス

フラクタルがスケールに依存しない偶然と必然の反復的な振る舞いであるとすれば、カオスとは秩序と無秩序の混沌（chaos）とした振る舞いである。カオスはリー＆ヨーク（Li & Yorke）[1975]の命名であり、調和（cosmos）と対比される。工学的には「決定論的カオス」のことで、決定論で記述されるにもかかわらず、予測不可能で複雑な振る舞いをする力学系（一定の法則に従って起きるものの変化、すなわち状態推移を数学的にモデル化したもの）である。

証券市場に応用するならば観察者（投資家）が行う証券価格の予測の複雑さであり、観察者の役割を果たす主体ないしサブシステムを「エージェント」と呼ぶ。この複雑さには①ローレンツ曲線、②初期値鋭敏依存性（初期値のずれが後に重大な影響を及ぼす、たとえばバタフライ効果）、③周期倍増分岐、がある。

ローレンツ（Lorenz,E）[1979]は『予測可能性：ブラジルでの蝶の1羽ばたきがテキサスの竜巻を起こすか？』という論文を発表した。竜巻をフィールドバックの連鎖をとして

$$S_t = aS_{t-1}(1 - S_{t-1}) \tag{12.10}$$

というロジスティック曲線を用いた。

これは典型的なカオスである。これをピーターズ（Peters,E,E.）[1996]は経済事象として以下のように説明をする。株価 $S_{t+1}=aS_t$ として，需要（買い手）が aS_t のとき，供給（売り手）は $a(S_{t-1})^2$ が出現すると(12.10)が表現できる。(12.10)から $a=4$ として，初期値を入れて【図表12-6】のようにロジスティック・マップを作成できる。

他のカオスの事例もシミュレーションしてみよう。まず，初期値に依存しないアトラクタ（attractor）を生成する。これは散逸系に特有な現象であり，【図表12-7】で示したケースは初期値変動（初期値が少し違っても大きな変化をもたらす）の事例で，これはバタフライ効果ともいわれる。また【図表12-8】はリンク型アトラクタである。

【図表12-6】ロジスティック・マップ

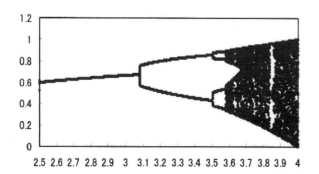

【図表 12-7】初期値敏感性　　　　【図表 12-8】リンク型アトラクタ

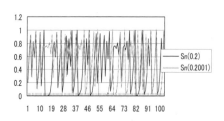
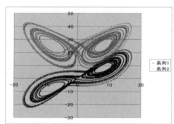

まとめ

　時系列金融データの前提（正規分布性，定常性）を外すことは，市場構造と同様に効率的市場から非効率的市場への移行を意味する。そこで展開したのは太い尾とフラクタルであり，さらにカオスについても紹介した。これらを含めて「複雑系」と呼ぶことにしよう。

　タレブ[2007]は『ブラック・スワン』の中で，マンデルブロのファット・テイルについて，熱く語っている。彼によると株価（反動）の正規分布（ベル・カーブ）は知的詐欺であると批判する。そして物理学が中庸を好み，金融は過激さを好む。よって金融はベル・カーブを適用できないとする。すなわち，確率的に起きる予測不可能なイベントとしてのブラック・スワンをベル・カーブは予測することができないとする。そしてショッキングなクートナーの言葉を引用する。

　「マンデルブロが約束したのはユートピアではない。彼が正しいなら，私たちの統計の用具はほとんど全部，時代遅れ（または）で無意味だ[13]。」

　さらに，タレブは複雑系についての感想を紹介する[14]。

　「自然の様々な過程と集団の行動は驚くほど似ている。彼らのネットワークに関する様々な理論を駆使して自然科学のいわゆる臨界現象（それに伴うべき

---

13) Taleb[2007]（同訳書 187 頁）
14) Taleb[2007]（同訳書 172-174 頁）

乗則）と社会における集団の自己組織化はとてもよく似ている。しかし，彼ら
もその計算過程で現実を忘れた従来の数学的展開の疫病にはまっている。その
意味で，複雑系はせいぜい白鳥を灰色にしているにすぎない。」この意味でタレ
ブは複雑系がブラック・スワンを探すのは難しいとした。

　クルーグマン（Krugman, P.）[1996]も経済への複雑系研究の可能性を検討し
た。彼は複雑系の特徴として，①複雑なフィードバック・システムが驚くべき
振る舞いをするという洞察に基づいていること，②創発の科学であること，③
自己組織化システムであること，を挙げた。しかし，そのうち③自己組織化
（self-organizing system）を重要視した。なぜなら世界の気象と同じように，
世界経済も外部からの投入物に応じて形成されるのではなく，主として内生の
ものであると考えた。しかし，自己組織化自体には価値判断が含まれないので，
クルーグマンは複雑系の経済への適用には否定的である。

　それに反して，ソルネット(Sornette,D.) [2003]は果敢に複雑系から証券市場
の分析を試みた。日本においても塩沢[1997]は新古典派の均衡概念を批判して，
経済（価格）はゆらぎのある平衡系，すなわち散逸構造（dissipative system）
であると主張している。

参考文献

Bollerslev,T.[1986] "Generalized Autoregressive Conditional Heteroskedasticity," *Journal of Econometrics* 31 (3), 307-327.

Engle, R. F. [1982] "Autoregressive Conditional Heteroscedasticity with Estimates of the Variance of United Kingdom Inflation," *Econometrica* 50 (4), 987-1007.

Krugman, P.[1996]*The Self-Organizing Economy,* Blackwell.MA.(北村行伸,妹尾美起訳[1997]『自己組織化の経済学』東洋経済新報社)

Lorenz, E.[1979]Predictability: Does the Flap of a Butterfly's Wings in Brazil Set Off a Tornado in Texas? Paper presented at the annual meeting of the American Association for the Advance-ment of Science, Washington .D.C.

Hurst,H.E.[1951]"Long-term storage of reservoirs: an experimental study," *Transactions of the American Society of Civil Engineers*, Vol. 116, 770-799.

Jackson,M.,Staunton.M.[2003]*Advanced Modelling in Finance using Excel and VBA*, John Wiley

第Ⅲ部　非効率的市場の証券理論

&Sons, N.J.(近藤正紘監訳[2005]『EXCEL と VBA で学ぶ先端ファイナンスの世界』パンローリング)

Mandelbrot,B.[1963] " The Variation of Certain Speculative Prices," *Journal of Business*36(4), 394-419.

Mandelbrot, B. [1966] "Forecasts of Future Prices, Unbiased Markets, and ' Martingale' Models," *Journal of Business*39(1)(special),242-255.

Mandelbrot, B. [1967] "The Variation of Other Speculative Prices ," *Journal of Business* 40(4), 393–413.

Mandelbrot,B.[1977]*The Fractal Geometry of Nature*,Freeman. San Francisco (広中平祐監訳[1985]『フラクタル幾何学』日経サイエンス社)

Mandelbrot,B.&Hudson.RL.[2004]*The(Mis)Behavior of Market* .A Member of the Pereus Books Group, N.Y.(高安秀樹,雨宮絵理,高安美佐子,冨永義治,山崎和子訳『禁断の市場　フラクタルでみるリスクとリターン』東洋経済新報社)

Miller,M.H.[1991] *Financial Innovations and Market Volatility*, Blackwell,Cambridge, MA.

Peters,E.E[1996]*Chaos and Order in the Capital Market*,2nd ed.,John Wiley &Sons, N.J. (新田功訳[1994]『カオスと資本市場』(初版) 白桃書房)

Sornette,D.[2003]*Why Stock Markets Crash-Critical Events in Complex Financial Systems*, Prince-ton University Press, N.Y.

Sprott,J.C.[2003]*Chaos and Times-Series Analysis*. Oxford University Press, N.Y.

Taleb, N.N.[2007]*The Black Swan: The Impact of the Highly Improbable* , Random House, N.Y.(望月衛訳[2006]『ブラック・スワン―不確実性とリスクの本質』(上，下) ダイヤモンド社)

Tvede,L.[1997] *Business Cycles: History, Theory and Investment Reality*, 1st ed., Routledge John Wiley & Sons. N.J. (赤羽 隆夫訳[1998]『信用恐慌の謎―資本主義経済の落とし穴 』ダイヤモンド社)

臼田昭司,井上祥史，葭谷安正,東野勝治[1999]『カオスとフラクタル―Excel で体験 』オーム社

小暮厚之[1996]『ファイナンスへの計量分析』朝倉書店

佐藤猛[2006]「フラクタル分析による米国 1987 年 10 月クラッシュのシナリオ」『商学集志』第 76 巻第 1 号 71-89　日本大学商学部商学研究会

佐藤猛[2009a]「オプションの変容―米国 1987 年 10 月クラッシュの遺物―」『商学集志』78(4)　1-15　日本大学商学部商学研究会

塩沢由典[1997]『複雑さの帰結―複雑系経済学試論 』NTT 出版

廣松毅,浪花貞夫[1993]『経済時系列分析の基礎と実際』 多賀出版

三井秀俊[2014]『ARCH 型モデルによる金融資産分析』税務経理協会

蓑谷千凰彦[2003]『統計分析ハンドブック』朝倉書店

矢島美寛[2003]「第Ⅱ部：長期記憶を持つ時系列モデル」刈屋武昭,矢島美寛,田中勝人,竹内啓『経済時系列の統計』105－202　岩波書店

渡部敏明[2000]『ボラティリティ変動モデル』朝倉書店

第13章 レギュラシオン学派とクラッシュ

　1970年代の先進資本主義諸国の経済システムは失業やスタグフレーションにより，従来の新古典派の均衡理論やマルクス主義のアプローチでは説得力ある分析ができないとの認識が広まった。こうした閉塞的な経済システムの分析を乗り越えるため，フランスにおいてレギュラシオン（régulation）学派が創設された。この学派の目的意識は「本来，矛盾に満ち，不安定な資本主義をどのように調整して均衡化させるか」である。

　レギュラシオン学派は以下の3つの概念から出発した[1]。具体的には①アルチュセール（Althusser,L.P.）の構造主義的マルクス主義的解釈（再生産の歴史）の反発[2]，②ピエール・ブルデュー（Bourdieu,P.）のハビトゥス（Habitus）概念（習慣，教育形成による経済主体）に依拠する社会構造を摂取[3]，③均衡を新古典派の方法論的個人主義ではなく社会諸関係の調整，である。

　このような基礎的な概念に基づいて，レギュラシオン理論では第2次世界大戦後から60年代までの米国の資本主義は資本蓄積からなる制度形態により支えられた経済であるとして「フォーディズム」と名付けた。この資本蓄積にはケインズ主義的な国家介入主義も含まれる。ポスト・フォーディズムではレギュラシオン理論による危機に対する分析が中心となる。

　では果たして具体的な資本主義の危機を分析するための経済理論として証券市場に何らかの示唆が可能か。本章ではレギュラシオン学派の視点からクラッシュ（株価暴落）について，オルレアン（Orléan,A），アグリエッタ（Aglietta,M.），ボワイエ（Boyer,R.）から管見する。

---

1) 関 嘉寛[1997] を参考にした。
2) Althusser の代表的著書として『マルクスのために』と『資本論を読む』（いずれも 1965 年）がある。
3) 『資本主義のハビトゥス—アルジェリアの矛盾』（1993 年）がある。

175

第III部　非効率的市場の証券理論

　さらに，資本主義の危機に対するレギュラシオン理論の必要性について補足しておこう。

　この点，レギュラシオン理論から再生産概念に基づく「調整と均衡」と「歴史分析の理論的意義」の2点から論じることができる[4]。

　「調整と均衡」では1世紀にわたる新古典派理論がひたすら一般均衡というただ1つの概念を作ることに注力したとする。このために主体は合理的に行動して，かつ経済システムの効率性を求め，現存システムの中で最も弊害の少ないと同時に最適状態のシステムを構築する。この方法として規範的な方法による多くのモデルを生み出し，変数操作によって均衡，成長経路を説明しようとする。そこには歴史的動態（ダイナミック）としての諸力の研究がない。すなわち危険の伴わない改革であるとする。

　「歴史分析の理論的意義」では一般理論に含まれている時間概念の妥当性に疑問があるとする。例えば，ケインズ理論は不安定な歴史の中で，新古典派の市場理論を批判するが，それは短期に止まったため，長期での資本運動の問題は依然，残されたままであるとする。また歴史分析の理論に関する考察はシステムを構成する諸関係の内的な変容の論理を持たなければならないとする。

1　オルレアンの証券理論

(1)　安定と動態

　オルレアン[1999]は証券理論体系として，まず株式評価原理から説明する。株式評価原理としての価格決定要素はファンダメンタル部分と投機の部分からなる。しかし，この株式評価は株式市場（取引所）における市場の流動性に影響される。往々にして，実際の株式市場は投機と市場の流動性で結び付いて金融危機もたらす。株式評価原理の多くはケインズ理論に依拠している。この点

---

　4)　Aglietta[1976]（同訳書 29-42 頁）をまとめたものである。

第 13 章　レギュラシオン学派とクラッシュ

については第2章ですでに論じたところである。

　ここではオルレアンの証券市場理論の特徴である株式市場の「安定と動態（ダイナミック）」を中心に考察しよう。まず，株式市場の安定と動態はどのような仕組みで起きるか。そこでオルレアンは市場における投資家の投資行動における作用として

① 　ファンダメンタル主義的合理性・・・客観的な基礎的条件のパラメータによるファンダメンタル価格の合理性

② 　戦略的合理性・・・外部の集団の投資戦略を理解して，追及される目標は機会主義的（他者の出方をうかがい利用しようとする態度）合理性

③ 　自己参照的合理性・・・外部の集団の投資戦略を観察して，それらを一般化してすべての個人が共通となるような参照基準を見つけることの合理性

の3つに区分した。

　オルレアンは市場参加者が支配的に認める合理性の信念形成を共通信念（コンヴァンシオン）と呼んだ。共通信念の形成には多数の人が持つ信念を模倣（イミタシオン）が不可欠である。これを模倣主義という 。特に共通信念の解は純粋強調ゲームを適用しており，オルレアンの理論的緻密性の高さ示している。

　以上から，オルレアンは共通信念の概念と 3 つの投資基準の合理性を用いて株式市場のダイナミックを説明する。例えば，市場での共通信念として①ファンダメンタルズ主義的合理性であったとする。この時，市場はその共通信念で安定している。次に懐疑的ファンダメンタルズ主義的合理性と反抗的投機家の台頭により②戦略的合理性が次第に共通信念（コンヴァンシオン）となり，これに基づいて市場は再び安定化する。その移行期に大きな経済的変化が起きる。その後，戦略的合理性が懐疑的となり③自己参照的合理性が支配的になる。この時，個人が共通となる参照基準とは，平均的意見の予測のみに基づいて市場参加を志向することになった場合である。そして再び①ファンダメンタルズ主義的合理性へ回帰する。必ずしも連続移行するとは限らない。もちろん，こう

177

第III部　非効率的市場の証券理論

した理論は他の経済の歴史的事象にも応用可能であろう。

(2)　コンヴァンシオン理論（ブラック・マンデーの事例）

ブラック・マンデーの概況

　10月19日（月）にクラッシュが起きた。その日はダウ工業平均株価（DJIA）で508ドルの22.6%の下落率と史上最大となった。この日を米国では「ブラック・マンデー」と呼ぶ。売買高も同年9月の1日平均の3倍以上を超えている。この日だけで金融資産は7億ドル以上が消滅した。シカゴ・マーカンタイル取引所（CME）の株式先物指数（S&P500）も28%の下落率となった。また10月クラッシュは1929年10月の大恐慌の始まりであるクラッシュ（ブラック・サーズデー）に匹敵するものであった。

　すでに第7章でその主因の一つがポートフォリオ・インシュランス（PI）であることは述べた。ここでは，PIを包摂したレギュラシオンのパースペクティブに沿って診断してみよう。

コンヴァンシオンによる診断

　オルレアンはまず，変動性の極端な高まりから，1987年8月25日以降は共有信念の問い直しが進んだとみる。ブラック・マンデーを共有信念の移行時の発生するクラッシュであると考える。なぜなら大きなクラッシュであるブラック・マンデーは市場の効率性理論では基礎的条件（ファンダメンタルズ）の変化がないから，説明がつかないとする。そこで，共有信念の移行時の発生，特に外的な参照基準を探すために行動ファイナンス研究の泰斗であるシラーのブラック・マンデーのアンケートを利用しながら分析する。

　この結果，オルレアンはブラック・マンデーにおいては強い内生的な集団ダイナミックスが存在していたと判断する。それを成立させる基礎は，市場参加者同士の相互作用である。一般に，人はある事象を理解するために役立つ認知

178

標識[5]を求める。それが 1929 年クラッシュの参照基準である。そこでシラー[1987]が主張する「1929 年の大暴落との比較は，諸現象を構成する要素であり，歴史比較が引き起こす期待に言及せずとも大暴落を理解できるとしたなら，それは誤りである」との見解をオルレアンは支持する。

さらにポートフォリオ・インシュランスの売り急増が市場参加者の共有信念の変化および先行き価格の不確実性を意識させたとの分析である。

コンヴァンシオンの深化

ここで論じた中心的なコンヴァンシオンの概念について，オルレアンは共有信念であり，ケインズは慣習であった。これまでは，ほとんど同じ概念で用いられていた。ところが，より厳密にコンヴァンシオン概念の定義化をオルレアンは試みる。ケインズのコンヴァンシオンは「金融コンヴァンシオン」であるとオルレアンは主張する。この根拠としてケインズを引用する。

「実際には，われわれは通常，暗黙のうちに一致して，実を言えば，一種の慣行に頼っている。－もちろん，それはそれほど単純ではないが－われわれが変化を期待する特別の理由を持たない限り，現在の事態が無限に持続すると想定するところにある[6]」。

よって「金融コンヴァンシオン」は「連続性コンヴァンシオン」であり，価格変動は正規分布を仮定する「正規性コンヴァンシオン」からなる。

一方，オルレアンの共有信念（コンヴァンシオン）は合理的信念から生まれるが，このコンヴァンシオンは影響，流行，制裁の社会的プロセスにより強固となったり，変化したりする。すなわち，常にダイナミックに曝され他の合理的信念に移行する。これを「解釈」と呼ぶ。トーマス・クーンのパラダイムの予想と同じ働きをするとオルレアンは主張する。オルレアンはレギュラシオンが志向する歴史的ダイナミックとしての諸力の考察の中に食い込まれた概念を考え出した。そしてブラック・マンデーもこうした「解釈コンヴァンシオン」

---

5) Schelling,T.（2005 年にノーベル賞を受賞）が用いる用語。
6) Keynes[1936](同訳書 150 頁)。

第Ⅲ部　非効率的市場の証券理論

のパラダイムの予想の変化で起きたとする。「解釈コンヴァンシオン」の概念は
ケインズの論理を超越するための挑戦でもある。

2　アグリエッタの証券理論

(1)　金融の暴力と貨幣

　1976 年にアグリエッタはボワイエとともにレギュラシオン学派の創設した。
その学派によると，経済は新古典派の一般均衡理論ではなく，「調整」による均
衡化であると考える。さらに，この学派はポリテクニシャン（polytechniciens：
理工科大学の卒業）で国家所属のエコノミストの出身が多いから，彼らの概念
を実証的な現実につき合わせるための方法論を常に革新させる意識が強い[7]。よ
ってアルチュセールの離脱（彼らにしてみれば超越した(dépasser)のである）や
ケインズ理論，さらに新古典派の個々の理論の導入に躊躇しない。しかも，そ
の方法論，テーマ等はアグリエッタやオルレアンが金融の関係について，また
ボワイエはフォーディズムから賃金と生産性から経済体制について，それぞれ
特化している。

　アグリエッタは特に金融市場のその失敗と成長を研究テーマとしている。な
ぜなら「金融は資本主義の長期的な発達の方向性を与える。金融は成長ができ
るか否か長期的局面で調達の条件を決定する」がアグリエッタ[1995]の信念
（crédo）である。そして 1980 年代の金融自由化は国際的に金融市場の効率性
の改善する方法としてとみなされていたが，アグリエッタはグローバル化した
金融経済は不安定性とリスクが増大するので，グローバル化に伴う新たな規制
（nouvelles règles）と管理の必要性を説く。

　彼が展開する金融市場理論の基本概念はオルレアンとの共著[1982]『貨幣の
暴力』[1982]および『貨幣：暴力と信頼のあいだ』[2002]からみてとれる。基本

---

　7)　ユッソン（Husson）[2001]の見解。なお，Aglietta はパリ第 10 大学（ナンテール）
　　の名誉教授となった。

180

的考えは以下のとおりである。

　貨幣は商品経済の基礎だけでなく社会的関係を形成する。ルネ・ジラルドの暴力論を援用して，貨幣は個人の擬制的欲望と物品の売買を円滑にするという暴力から逸らす役割を担う。そして貨幣は商品でもなく，国家でもなく，契約でもない，信頼である。貨幣はこの社会により合意された究極的な基盤に社会的法則を与える。なぜなら各人は他の人がそれを欲すると予測したとき，それを「流動性」と呼ぶ。この法則が崩壊すると危機が訪れる。貨幣の暴力的振舞いがクラッシュである。

(2)　投資銀行のビジネス・モデル（サブプライム問題の事例）

サブプライム問題の概況

　米国は借金による物を買うことが当たり前となった。特に連邦準備制度理事会（FRB）では 2001 年に借入れによる投資（消費）が新しい繁栄の施策であるとして金利を引き下げた。そして米国の中流階級は，財産価値の値上がりを見込んで，家の購入資金のために借金に走り出した。その資金調達では金融機関と住宅金融関連企業が CDO と CDS の証券化（titresation）により，リスクなしで住宅ローンを積極に貸出を行った。これらの証券化を基礎にした借入れの増大により一部の返済（特にスプライムの借入層）が難しくなると，CDO の評価の信頼性は喪失し，貸付の逃避を招いた。CDO に投資していた国々の金融機関に波及していき，世界的な金融危機となった[8]。

ビジネス・モデルによる診断

　市場経済の理論からみると効率的市場理論では「自動 - 安定」（auto-stable）により，危機は外生的であり，外的要因による。その要因は物価や人間行為の熱狂（l'euphorie）である。一方，危機は金融循環の内生的要因で生じ，金融の

---

8)　第Ⅱ部第 8 章 CCA とデフォルト・リスクを参照。

第III部　非効率的市場の証券理論

機能の固有そのものである。この理論的根拠をアグリエッタはケインズの金融の不安定性に求めた。さらに，ジャック・アタリ（Attali,J.）[2006]と同様に構造的金融不安定性を追求する。1番目が金融資産市場の価格が，通常の方法で評価されなくなる。2番目が貨幣は公共財である。この貨幣の暴力的振舞いを起こすことである。貨幣は危機において本質的役割を担う。貨幣に変換された金融財産は，金融危機において流動性の不足を引き起こす。

　そして，彼はキンドルバーガー（Kindelberger,C.P.）[1978]の金融パニックの歴史から，経済成長期に金融の脆さの見解に同意する。すなわち，信用の需要に伴って信用の供与が増加し，利子率が変動しない状況を示している。続いて信用拡大により実質的に資産価格が上昇する。この時，期待の正当性と新たに借入れの希望者を増加させる。これは借入者の（借入/収入）比率を上昇させる。資産の急速な高騰は金融の脆弱が伝播すると（借入/資産価値）比率の上昇となり，次第にクラッシュへの道へ歩み出す。

　1980年初葉から，デフレーションと金融自由化により，民間の借入れの増加と資産価値の上昇があり，金融機関は市場と経済を効率にさせる役割を担って高収益を上げていった。すなわち金融の熱狂が既に存在していた。これが終焉を迎えるだけであった。ところがサブプライム問題といわれる大きな危機となった。この理由を投資銀行のビジネス・モデルが大きな影響を与えたからであるとする。その具体的なモデルは以下のとおりである。

①　銀行の新しい会計処理としてのマーク・ツー・マーケット（mark to market）は市場を基礎にして資産を高く評価する役割を担った。このマーク・ツー・マーケットは金融循環の上昇期では資産は高く評価される。したがって，デフォルト距離（第8章を参照）は上昇して，リスクの価値は減少する。これは銀行にとって多くの貸付を可能にする。

②　CDSによる信用のリスクの移転は同時に貸付の膨大をさせ，貸付を保証するため留保資本に危険な縮小を与える。

③　投資銀行による貸付リスクの新しい評価方法に対して金融上の過大な信頼を寄せた。これはバリュー・アット・リスク（VAR：Value At Risk）と

第 13 章　レギュラシオン学派とクラッシュ

呼ばれるモデルで，例えば，ある期間で1％を超えない所与の貸付額の損失額を計算できる[9]。よって投資銀行はこれを基準に貸付けを行う。

長期投資

アグリエッタはまず，危機後の1つの回復の方向性は長期投資であることを強調する。彼はその理由をケインズの証券投資の考え方に依拠して展開する。

ケインズは金融のディレンマに関する基本的な問題を提示した。経済のなかで金融が必要不可欠の役割を担うためには，長期的視野と資本の流動性を保たなくてはならない。それには企業プロジェクトの機会とリスクを算定しなければならない。しかし金融市場はカジノのように振る舞っている。金融市場で不確実性の分散ができない投資家は共通の意見に基づいた投機による短期利益を求める。いわゆる，すべての人が行う共通信念である。結局，金融は「自己参照的」で市場流動性の暴君に服従してしまう。共通信念が揺らぎ始めると流動性が消滅して，各自の不安はパニックへと導く。

こうした短期投資収益の要求は企業の能力と相いれない。なぜならそれは賃金の組織的な圧縮と借入の梃の利用によるしか達成できない。よって実質賃金上昇と生産性の向上に適している長期の収益を追求する投資でなければならないとして，長期投資の重要性を唱える。そして，金融市場もこれに適合した規律付けをしなければならない。例えば，短期利益の実現よりも長期利益を招来するように税法を改正することが望ましいと主張する。

3　ボワイエの金融資本分析

(1)　蓄積体制

ボワイエは他のレギュラシオン・アプローチと異なり社会構造を労働の社会

---

9) 佐藤[2008]（115‐116頁参照）。

第Ⅲ部　非効率的市場の証券理論

関係や，資本の蓄積過程を歴史的にひも解く中で景気変動や循環性危機，すなわち恐慌の分析を行う。この意味で金融論よりも広い視野と長い期間の経済・社会の歴史からクラッシュを分析する。まず，彼の体系を紹介しよう。レギュラシオン理論では制度的諸形態を推移する「部分的」レギュラシオンの結合した蓄積体制が「全体的」レギュラシオンと定義する。蓄積体制とは賃労働関係，競争形態，国際的編入からなり，これらの制度的諸形態の中核が歴史的に形成される。彼はフランス資本主義の歴史的理論分析から，①アンシャンレジーム・レギュラシオン，競争的レギュラシオン，独占的または管理されたレギュラシオン，に区分化している[10]。

(2)　歴史的構造危機（2008年金融危機の事例）

ボワイエ[2011]は2008年の金融危機の歴史的本質をフォーディズム後の内包的体制における不平等拡大の系譜上にあった金融主導蓄積体制における「構造的危機」であるとした。こうした見解に基づいて金融主導蓄積体制（システム）を支えていた金融化の金融市場理論の瓦解と金融技術に行き詰まり，特に標準偏差で測るリスクの特性，常に合理的最適化を前提とする行動は外部からの強いショックを受けた時に金融市場は非常に脆く，システミック・リスクに立ち往生してしまう。そして金融主導型成長は各国の成長モデルとなりえないとして，各国の独自を考慮した相互補完性による分析を強調する。

こうしたクラッシュに対するダイナミックな歴史的展開をするため，マルクス，そして1929年のクラッシュを契機に経済の不安性について考察したフィッシャーの債務過剰不況理論[11]，ケインズによるラディカルなオールタナティブ理論，技術的・組織的イノベーションに必要な構成要素としての信用に関するシュンペーターの主張，等を俎上に載せている。

このことは新古典派の均衡理論が歴史的なクラッシュにおいては余り示唆的

---

10)　Boyer[1992]（同訳書316-321頁）を参考。
11)　Fisherの1929年のクラッシュの体験とその後の考察については岩井[2015]（第3章120-159頁）を参照。

ではなく古典的証券理論がいかに現在でも利用可能な頑強性，永続性を持っているかを暗示している。

(3) バブルとクラッシュの歴史

ダイナミックに歴史的展開の中で，ボワイエは 2008 年金融危機を捉えるので，歴史的なバブルやクラッシュについて論究している。この点は証券理論から証券イベントを分析する際に重要であるので再整理して要約しておこう。

ここで特質すべきことは近代のバブルやクラッシュは単に一か国ではなく国際的伝播と国際蓄積体制を分析する必要性があるとボワイエは主張する。

① チューリップ・バブル（オランダ）（1630 年－1636 年）

② 南海泡沫事件（英国）（1710 年－1720 年）

③ ミシシッピー・バブル（フランス）（1717 年－1720 年）

④ 鉄道ブーム（米国）（1868 年－1873 年）

⑤ アルゼンチンへの投資（英国）（1880 年）

⑥ パンアメリカーナ・バブル（米国）（1920 年－1928 年）

⑦ ブラック・サーズデー（米国）（1929 年）

⑧ ブラック・マンデー（米国）（1987 年）

⑨ ロング・ターム・キャピタル・マネジメント（LTCM）暴落（米国）（1998 年）

⑩ IT バブル（米国）（1999 年－2000 年）

⑪ サブプライム問題またはリーマン・ショック（米国）（2008 年）

なお，バブルやクラッシュの歴史についてはガルブレイス（Galbraith,J.K.）[1990] やキンドルバーガー（Kindelberger,C.P.）[1978]の名著があるので参考にされたい[12]。

―――――――――――――――
12) 併せて Chancellor[1996] や Geisst [1999]も推奨したい。

第Ⅲ部　非効率的市場の証券理論

まとめ

　以上から，フランスにおけるサブプライム問題（またはリーマン・ショック）について，レギュラシオン学派は米国で誕生した新古典派経済学がサブプライム問題の本質的根源にあるとする。そして新古典派経済学の代替理論としてケインズ理論があるように主張する[13]。分析ツールは新古典派の理論を活用するが，景気対策はケインズを支持する。こうしたレギュラシオン学派のご都合主義的理論（好意的に言い換えれば新総合古典派理論）の志向は若干の違和感があるが，現実を上手に説明している点も多い。

　さて，フランスにおける資本主義については 2 つのパターンが存在することが思想的深層に横たわっている。それは米国型（アングロサクソン型）資本主義と大陸型（アルペン型）資本主義である[14]。どちらの資本主義もボードリヤール[1970]の消費のコード化，欲望に引きずられる精神的不安定なシステムであるとする[15]。よって，クラッシュを論じる際は短期的な新古典派の理論とは別に，第Ⅰ部の長期的な古典的経済理論またはレギュラシオン理論を常に念頭において展開する必要があると思われる。

　日本にはサブプライム問題についてフランスのレギュラシオン学派のような一貫したクラッシュの史的パースペクティブの見方は存在しないので，日本ではシラー[2008]やクルーグマン[2008]の具体的な政策的示唆を好む傾向が強い。よって議論される内容は以下のようにテクニカルの経済理論に傾斜せざるを得ない [16]。本書で説明した証券理論に沿って，レギュラシオン学派風に最近の日本の証券市場の動向分析を試みよう。

　この場合，マクロ経済を重視する。なぜなら資本資産価格モデル（CAPM）

---

13)　比較制度分析に似ている。例えば，青木昌彦の論文が Orléan[1990]の中に掲載（pp.305-329）されている。

14)　Albert[1991]＆Boyer [2004].

15)　佐伯 [1993]を参照。

16)　ただし，青木[2008]を中心とした経済システムを中心とした比較制度論は存在する。

186

を想起すれば，個別の投資収益性（個別価格）は市場ポートフォリオ（日経ダウ）により強い関連性がある。よって，多くの企業はマクロ経済に相関を持つので証券市場はマクロ経済をまず分析することが必要である。ミクロ経済（個別企業）のイノベーションや暖簾は経済の上部構造に位置する。

1900年以降，バブル崩壊後，経済はデフレに陥った。その時，提示されたのが1930年の米国の政策論争であるシュンペーターの清算主義，すなわち非効率部門を清算して，イノベーションによる経済構造を改革させる政策とアーヴィン・フィッシャーのリフレ政策によりデフレ脱却のためのインフレ，また債務を縮小させる政策であった。

はじめ，日本はケインズ財政支出と経済構造改革や清算主義にかじを取ったようにみえる。1998年，クルーグマンは日本デフレ脱却について，以下の提案をしていた。

① 名目金利ゼロ(流動性の罠) 金融(金利)政策には意味がない。

② だからデフ期待からインフ期待を醸成する。インフレ目標を作る。

③ ②のための財政政策を行う。

この理論はケインズ理論と新古典派理論を混合した理論のように思えるが本質はリフレ政策である。この理論はリーマン・ショックを契機に米国の連邦制度理事会（FRB）により先に実行されていた。遅ればせながら2012年，アベノミクスによりリフレ政策が始まった。すなわち，①大胆な金融政策（インフレ・ターゲット2%），②機動的な財政政策，③民間投資を喚起する成長戦略，の「3本の矢」からなる。この影響で為替円安となり輸出ドライブに拍車をかけた。この結果，日経平均は上昇相場となった。これに対して，純粋ケインズ派からアベノミクスは痛烈に批判された。

こうした議論は本書が提示した証券理論から分析が可能かもしれない。特にクラッシュの治癒は第Ⅰ部の古典的証券理論の本質の襞に触れなければならないのである。なぜなら，現在の証券市場は19世紀後半に確立した企業と政府の証券の取引が源流とするからである。

187

第Ⅲ部　非効率的市場の証券理論

参考文献

Albert,M.[1991] *Capitalisme contre capitalisme*, Seuil:Paris.（小池はるひ訳,久水宏之監修[2011]『資本主義対資本主義』(改訂新版) 竹内書店新社）

Attali,J.[2006] *Une brève histoire de l'avenir*,Librairie Artheme Fayard,Paris（林昌宏訳[2008]『21世紀の歴史』作品社）

Aglietta,M.[1976]*Régulation et Crises du Capitalisme L'Experience des Etats-Unis* ,Calmann -Lévy, Saint-Amand-Montrond.（若森章孝,山田鋭夫,太田一廣,海老塚明訳[2000]『資本主義のレギュラシオン理論』大村書店）

Baudrillard,J.[1970]*La société de consommation* , Gallimard,Paris.（今村仁司, 塚原史訳[1995]『消費社会の神話と構造』紀伊国屋書店, 新装版[2015]）

Bernanke,B.S.[2000] *Essays on the Great Depression,* Princeton University Press,N.Y. （栗原潤,中村亨訳[2013]『大恐慌論』日本経済新聞出版社）

Boyer,R.[1990]*L'introduction à la Régulation*, FUJIWARA, Tokyo.（山田鋭夫,井上泰夫編訳[1990]入門・レギュラシオン』藤原書店）

Boyer,R.[1992]*Régulation;Sciences Économiques des crises et de la croissance*, MisuzuShobo, Tokyo（清水耕一編訳[1992]『レギュラシオン—成長と危機の経済学』ミネルヴァ書房）

Chancellor,E.[1996]*Devil Take the Hindmost: a History of Financial Speculation, Plume*, N. Y. *Reissue* (2000/6/5)

Boyer,R.[2004]" *Une théorie du capitalisme est-elle possible ?* "Odile Jacob, Paris.(山田鋭夫訳[2004]『資本主義対資本主義』ナカニシア出版）

Boyer,R.[2011]*Finance et Globalisation*, FUJIWARA,Tokyo.藤原書店（山田鋭夫,坂口明義, 原田弘裕治監訳[2011]『金融資本主義の崩壊』藤原書店）

Chancellor,E.[1996]*Devil Take the Hindmost: a History of Financial Speculation* , Plume,N. Y. （山岡洋一訳[2000]『バブルの歴史』日経 BP 社）

Deleuze.G.,Guattari,F.[1972] *Anti-Œdipus: Capitalism et Schizophreniade*, Les Éditions de Minuit,Paris.(宇野邦一訳[2006]『アンチ・オイディプス: 資本主義と分裂症』上下巻, 河出書房新社）

Galbraith,J.K.[1990] *A Short History of Financial Euphoria*. Whittle Direct Books, N.Y. (鈴木哲太郎訳[1991]『バブルの物語』ダイヤモンド社）

Geisst,C.R. [1999]*Wall Street: A History*,reprint ed.,Oxford University Press. N.Y. （菅下清廣監修, 中山良雄訳[2010]『ウォール街の歴史』フォレスト出版）

Keynes,J.M.[1936]*The General Theory of Employment, Interest, and Money* , Macmillan,London:

Théorie Générale de L'emploi de L'intérêt et de la Monnaie(1969), Payot,Paris.（塩野谷祐一訳[1983]
ケインズ全集第7巻『雇用，利率及び貨幣の一般理論』東洋経済社）

Kindelberger,C.P.[1978] *Manias, Panics ,and Crashes*(4th ed.),John Wiley&Sons, N.J.(吉野俊彦,八
木甫訳［2004］『熱狂，恐慌，崩壊：金融恐慌の歴史』(第4版)：高遠 裕子訳（第6版）2014 日本
経済新聞社)

Krugman,P. [2008] "It's Baaack! Japan's Slump and the Return of the Liquidity Trap,"Brookings
Papers on Economic Activity 2,137-203.

Krugman,P. [2008]*The return of depression economics and the crisis of 2008*,W. W.Norton,N.Y.(三
上義一訳[2009] 『世界大不況からの脱出－なぜ恐慌型経済は広がったのか』 早川書房)

Husson,M.[2001]"De Marx à la Fondation Saint-Simon：Un Aller sans Retour?"
hussonet.free.fr/regula99.pdf

Mavroudeas,S.[2012]*The Limits of Regulation,* MPG Group,U.K.

Orléan,A.（sous la direction）[1990]*Analys économique des convention*,2th ed.Quad RIGE/PUF.
Pais.

Orléan,A.& Aglietta,M.[1982]*La Violence de la Monnaie*,PUF,Paris. (井上泰夫, 斉藤日出治訳[1991]
『貨幣の暴力』法政大学出版局)

Orléan,A. [1999] *Le Pouvoir de la Finance*, Odile Jacob,Paris .(坂口明義,清水和己訳［2012]『金融の
権力』藤原書店)

Orléan,A&Aglietta,M.[2002]*La Monnaie entre Violence et Confiance*,Odile Jacob,Paris.

Orléan,A.& Aglietta,M.[2011]*L'empire de la Valeur*,Seuil,Paris.(坂口明義監訳, 中野佳裕, 中原隆幸
訳[2012] 『貨幣主権論』藤原書店)

Orléan,A.[2009]*De l'euphorie à la Panique : Penser la Crise Financière*, de la Rue,Paris.

Nasar, S.[2012] *Grand Pursuit*, Reprint,Simon & Schuster,N.Y.(徳川家広訳[2013]『大いなる探究』(上,
下）新潮社)

Shiller,R,J[1987]" Investor Behavior in the October 1987 Stock Market Crash: Survey Evidence, "
NBER Working Paper No.2446, 1-48.

Shiller,R.[2008]*The Subprime Solution: How Today's Global Financial Crisis Happened, and What
to Do About It,* Princeton University Press, N.Y.

Skidelsky,R.[2009]*Keynes: The Return of the Master*,Allen Lane,U.K. （山岡洋一訳[2010]『なにがケ
インズを復活させたのか? 』日本経済新聞出版社)

青木昌彦[2008]『比較制度分析序説 経済システムの進化と多元性』（講談社学術文庫） 講談社

伊東光晴[2014]『アベノミクス批判－四本の矢を折る』岩波書店

第Ⅲ部　非効率的市場の証券理論

岩井克人[2015]『経済学の宇宙』日本経済新聞社

岩田規久男[2013]『リフレは正しい アベノミクスで復活する日本経済』PHP研究所

岡本裕一朗[2015]『フランス現代思想史－ 構造主義からデリダ以後へ』（中公新書）中央公論新社

関嘉寛[1997]「レギュラシオン理論の有効性と限界: 現代資本主義社会分析に向けて」Osaka University Knowledge Archive:OUKA 81-97　大阪大学

佐伯啓思[2000]『貨幣・欲望・資本主義』新書館

佐藤猛[2010]「フランスにおけるサブプライム危機の捉え方」『商学集志』第79巻3号 1-12　日本大学商学部商学研究会

佐藤猛[2013]「アンドレ・オルレアンによるブラック・マンデーの分析についての覚書」（研究ノート）『商学集志』第82巻第4号 47-58　日本大学商学部

竹森俊平[2002]『経済論戦は甦る』東洋経済新報社

吉川洋[2009]『ケインズとシュンペーターに学べ―有効需要とイノベーションの経済学』ダイヤモンド社

吉川洋[2013]『デフレーション』日本経済新聞社

山田鋭夫[1995]『レギュラシオン・アプローチ―21世紀の経済学』藤原書店

若田部昌澄[2013]『経済学者たちの闘い』東洋経済新報社

索　引

人名索引

〔ア行〕

アーカー（Aaker）⋯⋯⋯⋯⋯⋯⋯⋯22

アインシュタイン（Einstein）⋯⋯⋯⋯5

アカロフ（Akerlof）⋯⋯⋯⋯⋯⋯⋯127

アグリエッタ（Aglietta）⋯⋯⋯⋯176,180

アタリ（Attali）⋯⋯⋯⋯⋯⋯⋯⋯182

アルチュセール（Althusser）⋯⋯⋯⋯175

アルムグレン＆クリス（Almgren&Chriss）149

アロー・プラット（Arrow-Pratt）⋯⋯⋯58

ヴィカリィ（Vickrey）⋯⋯⋯⋯⋯⋯130

ウェーバー（Weber）⋯⋯⋯⋯⋯⋯⋯36

ヴェブレン（Veblen）⋯⋯⋯⋯⋯⋯21

エンゲル（Engle.）⋯⋯⋯⋯⋯⋯⋯166

オハラ（O'Hara）⋯⋯⋯⋯⋯⋯⋯135

オルレアン（Orléan）⋯⋯⋯⋯⋯12,176

〔カ行〕

カイル（Kyle.）⋯⋯⋯⋯⋯⋯⋯⋯144

カネーマン＆トゥベルスキー（K&T）⋯⋯60

カネーマン（Kahneman）⋯⋯⋯⋯⋯151

ガルブレイス（Galbraith）⋯⋯⋯⋯185

ギブソン（Gibson）⋯⋯⋯⋯⋯⋯⋯9

キンドルバーガー（Kindelberger）⋯182,185

クートナー（Cootner）⋯⋯⋯⋯4,172

クリステンセン（Christensen）⋯⋯⋯27

クルーグマン（Krugman）⋯⋯173,186

グロスマン＆スティグリッツ

　（Grossman&Stiglitz）⋯⋯⋯⋯139

ケインズ（Keynes）

⋯⋯⋯⋯15,28,151,157,179,184, 187

コース（Coase）⋯⋯⋯⋯⋯⋯⋯⋯44

ゴードン（Gordon）⋯⋯⋯⋯⋯67,72

ゴステン＆ミルグロムモデル（G&M）⋯146

コックス，ロス＆ルービンスタイン

　（CRR:Cox,Ross&Rubinstein）⋯93,97

〔サ行〕

サイモン（Simon）⋯⋯⋯⋯⋯⋯⋯151

サムエルソン（Samuelson）⋯⋯⋯⋯4

シェフリン＆スタスマン（S&S）⋯⋯158

シェフリン（Shefrin）⋯⋯⋯⋯⋯157

シュライファー（Shleifer）⋯⋯⋯151

シュライファー＆ヴィシュニー（S&V）⋯154

シュンペーター（Schumpter）⋯26,184,187

シラー（Shiller）⋯⋯⋯⋯⋯59,72,186

ストール（Stoll）⋯⋯⋯⋯⋯⋯⋯137

セイラー（Thaler）⋯⋯⋯⋯⋯⋯159

ゼムゼッツ（Demsetz）⋯⋯⋯⋯⋯135

ソルネット（Sornette）⋯⋯⋯⋯⋯173

191

ソロモン（Salmon） ……………………121

〔タ行〕

タッカー(Tucker) ……………………125

タック（Taqqu） ………………………3

タレブ（Taleb） ……………121,162,172

チェン,ロール＆ロス（Chen,Roll&Ross） 86

デボンド＆セイラー（De Bondt&Thaler） 60

デロング, シュライファ,サマーズ＆ワルドマ

ン(DSSW) ……………………………152

トービン（Tobin） …………………30,90

ドーマ(Domar) …………………………22

ドッド＆グラハム(Dodd&Graham) ………67

ドラッカー（Druker） ……………………27

〔ナ行〕

ナッシュ（Nash） ……………………126

ノイマン - モルゲンステルン（von

Neumann- Morgenstern) ……………50,56

〔ハ行〕

ハーシュライファー(Hrishleifer) …………159

ハースト（Hurst） ……………………167

ハート（Hart） ……………………………44

バーリー＆ミーンズ（Berle&Means） ……44

バシュリエ(Bachelier) ………………………3

バフェット（Buffett） ……………………76

ヒックス（Hicks） ……………………21

ファーマ＆フレンチ(Fama&French) ………72

ファーマ（Fama） …………………5,49,50

フィッシャー（Fisher） …………7,9,29,187

福田平太郎 ………………………………37

フーコ（Foucault） ……………………42

ブラック（Black） ……………………151

ブラック＆ショールズ(B-S) …………7,93,98

フリードマン（Friedman） ……………94

ベイズ（Baye） …………………………128

ベリース, シュライファー＆ヴィシュニー

(BSV:Barberis,Shleifer,Vishny) …………156

ペロルド（Perold） ……………………148

ポーター（Porter） ……………………22

ボードリヤール（Baudrillard） ………26,186

ボラースルヴ（Bollerslev） ……………166

ホルトハウゼン, レフトウィッチ,マイアーズ

(Holthausen,Leftwich,&Myers) ………149

ボワイエ（Boyer） ………………………183

〔マ行〕

マーコビッツ（Markowitz） ………………79

マーシャル（Marshall） …………27, 135

マートン(Merton) ……………5,109,118

マリス（Marris） ………………………23

マンデルブロ(Mandelbrot) …………4,49,161

ミラー＆モディリアーニ（MM） ……67,89

メンガー（Menger） ……………………35

〔ラ行〕

リー（Li） …………………………… 118

リーランド＆ルービンスタイン（L&R） …7

リーランド（Leland） ……………………105

ロール＆ロス（Roll&Ross） ……………154

ローレンツ（Lorenz） ……………………171

192

事項索引

〔あ行〕

アービトラージャー ······························154
アーマ（ARAM）モデル ······················165
IS-LM曲線の均衡 ······························29
IS曲線の移動 ·····································30
アスク＆ビッド ··································147
アニマル・スピリット（血気） ·············12
アノマリー ··60
アブノーマル・リターン ······················88
アベノミクス ·····································187
アルゴリズム取引（AT） ······················42
アルペン型資本主義 ····························186
アングロサクソン型資本主義 ···············186
アンシャンレジーム・レギュラシオン·······184
アンダープライシング理論 ··················127
安定と動態 ··176
E/P効果 ··60
移動平均（MA）過程 ···························164
一括均衡 ···131
一般理論 ···11
イノベーション ··································26
イノベーションのジレンマ ···················27
イベント・スタディ ····························87
イングリッシュ・オークション ············130
インフレ・ターゲット ························187
ウィーク（weak）型 ····························51

ヴィカリィ・オークション ··················130
ウォール・ストリート・ルール ···············45
エージェンシー型企業 ··························44
エクイティ・ファイナンス ·····················40
LM曲線の移動 ···································30
オプション取引 ·······························95,97

〔か行〕

ガーチ（GARCH）効果 ························167
ガーチ（GARCH）モデル ·····················166
改定検証基準（テストⅡ） ·····················52
カイルのラムダ（λ） ·························146
カオス ···170
格差利益 ···21
格付け推移行列（推移確率） ···················76
確率微分方程式（SDE） ··························5
確率論 ···11
加重平均コスト（WACC） ·····················69
過剰反応 ···156
株価収益率（PER） ··························28,69
株式評価の2元性 ································13
株主資本利益率（ROE） ····················67,71
株式評価 ···13
貨幣中立説（貨幣数量説） ·····················10
貨幣の暴力的振舞い ····························181
貨幣論 ···11
貨幣の錯覚 ··10

193

カルパース（CALPERS）……………45

限界代替率（MRS）………………8

限界変形率（MRT）………………8

蓋然性………………………………12

環境，社会，ガバナンス（ESG）………46

慣習（コンベンション）……………12,15

企業の社会的責任（CSR）…………46

企業の理論…………………………21

記述モデル…………………………157

期待投資収益率……………………80

希薄化係数…………………………112

ギブソン・パラドックス……………9

逆選択………………………………127

競争優位の戦略……………………22

競争的レギュラシオン……………184

共通信念（コンヴァンシオン）………15,177

共通知識……………………………125

均衡比率……………………………142

金融市場の資金フロー……………38

金融市場のシステム………………38

金融の総帥…………………………22

金融コンヴァンシオン………………179

金融のディレンマ…………………183

グリークス…………………………100

クレジット・デフォルト・スワップ（CDS）
……………………………117,181,182

クレジット・デリバティブ……………117

経営者のモデル化…………………46

顕示的消費…………………………26

検証基準（テストⅠ）………………51

構造主義的マルクス主義……………175

構造モデル…………………………118

行動ファイナンス……………………62,151

高頻度取引マーケット・マイクロストラクチャ
ー……………………………148

効用関数……………………………55

効率的市場仮説……………………50

合理的期待均衡（REE）……………136

合理的投資家の効用曲線……………58

ゴードン・モデル……………………72

コーポレート・ガバナンス……………45

コーポレート・ガバナンス・コード……46

コーポレート・ブランド………………22

コール・プット・パリティ……………100

小型株効果…………………………60

国債 40

コックス，ロス＆ルービンスタイン（CRR）
オプション・モデル…………………97

ゴッホ曲線…………………………169

高頻度取引（HFT）………………41

雇用の一般理論（QJE）……………11

暦（月，曜日）効果…………………60

コンヴァンシオン理論………………178

〔さ行〕

在庫モデル…………………………138

裁定価格理論（APT）………………85

裁定取引……………………………101

裁定の制約…………………………154

最適入札……………………………130

最適ポートフォリオ…………………82

債務担保証書（CDO）………40, 116,117, 181

先物取引……………………………95

指値の無料オプション性……………131

索　引

指値注文 …………………………………131

散逸構造 …………………………………173

産業の総帥 …………………………………22

時間的価値 ………………………………101

シグナリング ……………………………131

自己回帰（AR）過程 ……………………165

自己参照合理性 …………………………14,177

自己相関 …………………………………164

自己相似（または自己アフィン）………169

自己組織化 ………………………………173

資産担保証券（ABS）……………………40

資本コスト …………………………………68

資本コストの解析 …………………………68

資本資産評価モデル（CAPM）…………85

資本市場線 …………………………………84

資本の限界効率（MEC）……………………8

シャープの測定 ……………………………86

社会諸関係の調整 ………………………175

ジャンセンの測定 …………………………87

収益同値性定理 …………………………130

周期倍増分岐 ……………………………171

囚人のディレンマ ………………………125

シュライファー＆ヴィシュニー・モデル…154

純資産倍率（PBR）………………………69

純粋期待仮説 ………………………………75

純粋証券(アロー・ドブリュー証券)………55

証券市場の構造 ……………………………62

条件付き請求権分析（CCA）……………109

証券取引所の市場の完全性 ………………37

勝者の呪い ………………………………131

情報の非対称性 …………………………127

情報の非対称性モデル …………………139

情報のパラドックス ……………………144

情報（投資家）トレーダー ……………140

初期値変動 ………………………………171

所有と経営者の分離 ………………………44

新結合（イノベーションョン）…………26

真正価値 …………………………………101

シンセティックCDO ……………………117

シンプル・オプション ……………………6

スチュワードシップ・コード ……………46

ストロング（strong）型 …………………52

スプレッド ………………………………138

スポット・レート …………………………75

3ファクター・モデル ……………………73

スワップ取引 ………………………………94

静学的比較分析 …………………………111

正規分布関数 ………………………………99

清算主義 …………………………………187

税引き後営業利益（NOPAT）……………68

税引き前営業利益（EBIT）………………68

世代重複モデル …………………………152

絶対的危険回避（ARA）…………………58

戦略的合理性 ……………………………177

相対的危険回避（RRA）…………………58

相場駆動型市場 ……………………………41

組織的な市場 ………………………………35

〔た行〕

ダイナミック・ヘッジ …………………104

ダッチ・オークション …………………130

ダブル・オークション …………………131

短期記憶性 ………………………………167

短期的（一時的）インパクト ……………149

195

チェン，ロール&ロス・モデル ……………85
逐次取引モデル ………………………146
チャップマン・コルモゴロフ方程式…………4
注文駆動型市場 …………………………41
長期記憶性 ………………………………167
長期的（恒久的）インパクト …………149
長期投資 …………………………………183
定常過程 …………………………………164
定率成長モデル …………………………71
デット・ファイナンス …………………40
デフォルトの確率 ………………………115
デフォルトの距離 ………………………115
デフォルト確率（構造モデル）…………118
デュアル・トレーダー …………………41
デュレーション …………………………75
デリバティブ ……………………………93
デリバティブ取引 ………………………94
デリバティブ取引のペイオフ …………96
デルタ・ニュートラル …………………105
転換社債（CB）………………………39,112
伝統的ファイナンス ……………………159
東京証券取引所 …………………………41
独占的・管理レギュラシオン …………184
富の効果 …………………………………59
取引所（Die Börsen）…………………36
取引の確率的構造 ………………………147
トレイナーの測定 ………………………87

〔な行〕

内部金融比率 ……………………………22
ナッシュ（Nash）均衡 ………………126
ナッシュ・ベイジアン均衡（NBE）………144

成り行き注文 ……………………………131
日本証券取引所グループ（JEG）…………43
ニューヨーク証券取引所（NYSE）…………41
ニューヨーク証券取引所－ユーロネクスト …43
ノア効果 …………………………………169
ノイズ・トレーダー………………136,149, 152
ノイズ取引 152
暖簾 ………………………………………21

〔は行〕

ハースト指数………………………………167
ハーラー（HARA）族効用関数 …………58
買収&合併（M&A）……………………23
バタフライ効果……………………………171
発行市場（資金調達）……………………39
ハビトゥス…………………………………175
バブルとクラッシュ ……………………185
パリティ …………………………………112
非情報（投資家）トレーダー …………140
美人投票 …………………………………12,14
1株当たり利益（EPS）…………………28
ヒューリスティックス …………………157
評価関数 …………………………………61
標準正規分布（確率密度関数）…………99
ファーマ&フレンチ．モデル…………72
ファクター・モデル……………………85
ファンダメンタル・リスク ……………154
ファンダメンタル主義的合理性 …………177
フィッシャー・モデル …………………7
フィッシャーの交換方程式 ……………10
フィッシャーの分離定理 …………………8
フィッシャー効果…………………………9

索 引

フィルトレーション ………………………51
フェアー・ゲーム ……………………………50
フォークの定理 …………………………126
フォーディズム …………………………175
フォワード・レート ……………………75
複製 105
負債と株式の利益相反 …………………111
太い尾 ………………………………………161
付与率 ………………………………………112
ブラウン運動 ………………………………53
フラクショナル・ブラウン運動 ………168
フラクタル …………………………………169
ブラック&ショールズ（B-S）・オプション ‥98
ブラック・スワン ………………172,173
フラッシュ・クラッシュ ………………43
フラネリー理論 …………………………127
ブランド・エクイティ …………………22
フレーム依存性 …………………………158
プレミアムの分解 ………………………100
プロスペクト理論 ………………………60
プロテクティブ・プット ………………103
分離均衡 ……………………………………132
ペイアウト政策 …………………………23
ベイズの定理 ……………………………128
ペッキング・オーダー仮説 ……………127
ポートフォリオ・インシュランス ……103,178
ポートフォリオ・マネジメント …………87
ポートフォリオとMM理論 ………………89
ポートフォリオの分離定理 ………………83
ポートフォリオ効率的フロンティア ……82
ボラティリティ・スキュー ……………163
ボラティリティ・スマイル ……………163

ボラティリティ・テスト ………………59

〔ま行〕

マーケット・インパクト …………………149
マーケット・マイクロストラクチャー ……136
マーケット・メーカーの即時性 …………137
マネー・サプライ …………………………28
マルコフ過程 ………………………………156
マルチンゲール ……………………………51
マンデル‐フレミング・モデル …………31
ミニマックス戦略 ………………………132
ミラー&モディリアーニ（MM）理論 ………67
無裁定理論 …………………………………54
モーメンタム ………………………………13
モーメント …………………………………162
モラル・ハザード …………………………44

〔や行〕

ヨセフ効果 …………………………………169

〔ら行〕

ラプラス基準 ……………………………132
ランダム・ウォーク ……………………5,52
利子の期間構造 …………………………75
リスクとリターン ………………………80
リスク愛好型 ………………………………57
リスク回避型 ………………………………56
リスク中立型 ………………………………57
リスク分解 …………………………………90
リバーサルズ効果 ………………………60
リバランス …………………………………105

197

リフレ政策 ……………………………187
利回り（イールド）……………………74
流通市場（売買取引）…………………41
流動性選好 ………………………………15
流動性のパラドックス …………………14
流動性モデル ……………………………144
流動性と投機 ……………………………13
リンク型アトラクタ ……………………171
累積異常収益率（CAR）………………87
レギュラシオン学派……………………175
レモン問題 ………………………………127

連続複式利子率（金利 e）………………77
連続型収益率（log）……………………77
連続性コンベンション …………………179
ロジスティック曲線……………………171
デロング, シュライファ, サマーズ&ワルドマン
　（DSSW）モデル ……………………152

〔わ行〕

ワラント社債（WB）………………40,112
1ファクター・モデル …………………119
1ファクター・コピュラ正規モデル………120

＜著 者 略 歴＞

日本大学商学部　教授

佐藤　猛（さとう　たけし）

出 生 地　静岡県沼津市

学　　　位　明治大学大学院経営学研究科博士後期課程単位取得後

　　　　　　商学博士（日本大学）

職　　　歴　東京証券取引所（1972 年－1996 年 3 月）

　　　　　　この間，パリ証券取引所にて研修

　　　　　　日本大学商学部　　（1996 年 4 月－現在）

　　　　　　この間，ナント・オデンシア（フランス）にて在外研究

著　　　書　単著『証券市場の基礎理論』税務経理協会 2008 年

　　　　　　編著『金融と経済』白桃書房 2016 年

　　　　　　共著『資本とは何か』日本評論社 2008 年

著者との契約により検印省略

平成28年6月1日　初版第1刷発行
平成30年6月1日　初版第2刷発行

証券理論の新体系

著　　者	佐　　藤　　　　猛
発　行　者	大　坪　克　行
製　版　所	株式会社ムサシプロセス
印　刷　所	有限会社山吹印刷
製　本　所	牧製本印刷株式会社

発 行 所 東京都新宿区
下落合2丁目5番13号　　株式
会社 **税 務 経 理 協 会**

郵便番号　161-0033　　振替 00190－2－187408　　電話 (03) 3953－3301 (編集部)
FAX (03) 3565－3391　　　　(03) 3953－3325 (営業部)
URL http://www.zeikei.co.jp/
乱丁・落丁の場合はお取替えいたします。

Ⓒ　佐藤　猛　2016　　　　　　　　　　　　Printed in Japan

本書の無断複写は著作権法上での例外を除き禁じられています。複写される
場合は，そのつど事前に，(社)出版者著作権管理機構（電話 03-3513-6969，
FAX 03-3513-6979, e-mail：info@jcopy.or.jp）の許諾を得てください。

JCOPY ＜(社)出版者著作権管理機構 委託出版物＞

ISBN978－4－419－06338－2　C3034